小さく分けて解く 高校入試 英語

Gakken

公立高校入試 近年の出題傾向と対策

出題傾向

近年の公立高校入試で出題された問題（小問数）の約半分の割合を占めるのが，対話文・長文の読解問題です。次にリスニング問題，英作文問題と続きます。近年では英作文・語彙・文法の分野が読解問題に含まれる複合形式の問題が多く，またグラフ・資料の読み取りや思考力を問う問題が増えています。

●読解

出題の約半数を占める読解問題の攻略が，入試突破の大きなカギとなります。対話文や長文を3題程度出題するのが主流ですが，短い読解問題を出題する県もあります。出題形式としては，内容に合う英文を選ぶ形式，適する語句や英文を補う形式，内容について英語で答える形式などが多く出題されています。また，内容としては，ALTや留学生との対話や，比較文化や社会問題をテーマとした英文が多く出題されています。

●英作文

英作文は，いろいろな形式で問われますが，なかでも語句を並べかえる問題の出題率がいちばん高いです。続いて，話の流れや絵の場面に合う英文を書く条件英作文の問題も多く，このような問題では話の流れや場面の状況を読み取る力も必要とされます。また，与えられたテーマについて自分の考えを英語で書く問題もよく出題されています。

語彙 3%

文法 6%

英作文 16%

リスニング 30%

読解 45%

👑 出題率ランキング ―読解問題でよく出題される形式

- 内容について正しい英文を選ぶ問題 86%
- 語句を補う問題 84%
- 英文を補う問題 70%
- 英語で答える問題 68%
- 内容に合う英文を完成させる問題 63%
- 絵や図・表を読み取る問題 54%
- 指示語の内容を説明する問題 39%
- 日本語で説明する問題 38%
- 英文を並べかえる問題 26%
- 英文が入る適切な場所を答える問題 21%

●リスニング

リスニング問題の出題パターンは，都道府県ごとに毎年ほぼ決まっているので，自分の都道府県の過去問は必ずチェックしておきましょう。近年では，対話文や英文とその内容に関する問いを聞き，適切な答えを選ぶ問題が多くの県で出題されています。
注意してもらいたいのがその配点で，配点比率はどの県でも比較的高く，30% 以上を占めるところも多いので，十分な対策が必要です。

●文法

文法問題は，県によっては単独の問題として出題されることもありますが，読解問題の一部として含まれていることが多く，適語選択や動詞の活用形を答える形式などで出題されます。基礎的なことを問う問題も多いので，確実に得点したいところです。

●語彙（ごい）

英単語や英熟語の知識を直接問うような語彙の問題は近年減少傾向にあります。その一方で，会話表現の問題が多くの県で出題されています。対話文中の空所に適する文を選ぶ形式でよく出る「電話」「買い物」「道案内」の場面で使われる表現や，「誘う」「依頼する」ときの表現などは確実におさえておきたいところです。

★ リスニング問題の配点比率（2023年）

- ●35％以上…北海道，三重
- ●30〜34％…岩手，茨城，千葉，新潟，石川，福井，山梨，滋賀，京都，大阪 C，福岡
- ●25〜29％…青森，宮城，秋田，山形，栃木，群馬，埼玉，岐阜，静岡，奈良，和歌山，鳥取，広島，山口，徳島，鹿児島
- ●20〜24％…福島，東京，神奈川，長野，愛知，大阪 AB，兵庫，島根，香川，高知，佐賀，長崎，熊本
- ●20％未満…大分，沖縄
- ※非公表…富山，岡山，愛媛，宮崎

★ よく出る！文法項目

- ・現在・過去・未来の文（時制）
- ・疑問詞を使った疑問文
- ・不定詞／動名詞
- ・いろいろな文型（SVC, SVOO, SVOC）
- ・現在完了形／現在完了進行形

対策

次の５つの力をしっかりつけていこう。とくに語彙力と文法力は，すべての問題を解くうえで基盤となる力なので，優先して学習しよう。

❶語彙力をつける…教科書レベルの基本単語・熟語は正確に覚えておこう。

❷文法力をつける…基本的な文法事項は確実におさえておこう。

❸表現力をつける…自分の考えや身近なことを英語で表現する練習をしよう。

❹リスニング力をつける…日頃から音声教材などを活用して，英語の音声に慣れよう。

❺読解力をつける…入試までに，まとまった量の英文を読む練習をしておこう。

【練習問題】ページ

入試レベル問題の《GOAL 問題》を解くのに必要な基礎的な学習事項を，《STEP 1》から順に解いて確認していきます。問題がわからないときは，ページをめくって《ココをおさえる！》のコーナーの解説を参考にしましょう。

単元番号と単元名　　　　練習問題を解く目標時間　　　　単元の目標

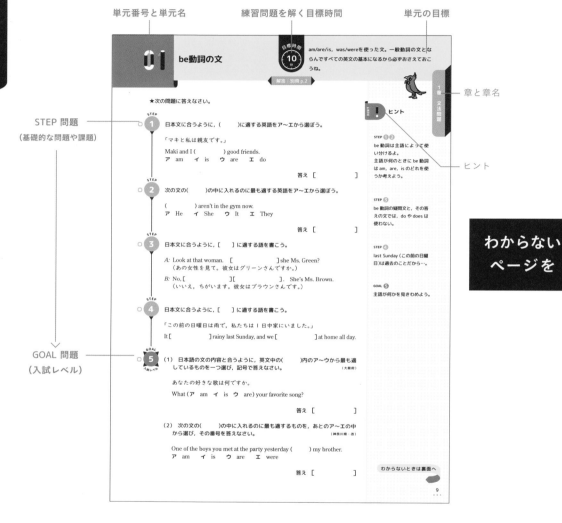

STEP 問題
（基礎的な問題や課題）

GOAL 問題
（入試レベル）

章と章名

ヒント

わからないページを

01　be動詞の文

目標時間 10分

am/are/is, was/wereを使った文。一般動詞の文とならんですべての英文の基本になるから必ずおさえておこうね。

解答：別冊 p.2

★次の問題に答えなさい。

STEP 1　日本文に合うように，（　　）に適する英語をア～エから選ぼう。

「マキと私は親友です。」

Maki and I (　　　　) good friends.
ア am　イ is　ウ are　エ do

答え [　　　]

STEP 2　次の文の（　　）の中に入れるのに最も適する英語をア～エから選ぼう。

(　　　　) aren't in the gym now.
ア He　イ She　ウ It　エ They

答え [　　　]

STEP 3　日本文に合うように，[　　]に適する語を書こう。

A: Look at that woman. [　　　　]she Ms. Green?
（あの女性を見て。彼女はグリーンさんですか。）

B: No,[　　　　　]. She's Ms. Brown.
（いいえ，ちがいます。彼女はブラウンさんです。）

STEP 4　日本文に合うように，[　　]に適する語を書こう。

「この前の日曜日は雨で，私たちは１日中家にいました。」

It[　　　　]rainy last Sunday, and we[　　　　]at home all day.

GOAL 5　(1)　日本語の文の内容と合うように，英文中の（　　）内のア～ウから最も適しているものを一つ選び，記号で答えなさい。　（大阪府）

あなたの好きな歌は何ですか。

What（ア am　イ is　ウ are）your favorite song?

答え [　　　]

(2)　次の文の（　　）の中に入れるのに最も適するものを，あとのア～エの中から選び，その番号を答えなさい。　（神奈川県・改）

One of the boys you met at the party yesterday (　　　) my brother.
ア am　イ is　ウ are　エ were

答え [　　　]

ヒント

STEP 1 2
be 動詞は主語によって使い分けるよ。
主語が何のときに be 動詞は am, are, is のどれを使うか考えよう。

STEP 3
be 動詞の疑問文と，その答えの文では，do や does は使えない。

STEP 4
last Sunday（この前の日曜日）は過去のことだから…。

GOAL 5
主語が何かを見きわめよう。

わからないときは裏面へ

9

問題は簡単なものや基礎的なものから

順に並んでいるから無理なく解けるよ！

【ココをおさえる！】【補習問題】ページ

《ココをおさえる！》では，練習問題の《STEP 問題》と《GOAL 問題》に対応した解説をしています。また，《ポイント》では各項目の要点が簡潔にまとめてあります。

《GOAL 問題》まで解いて学習内容を理解したら，《補習問題》に挑戦しましょう。

ココをおさえる！　　　　　　　　　　　　　　ポイント

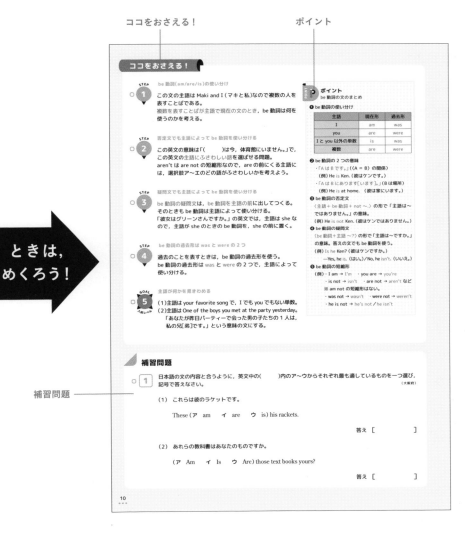

ときは，
めくろう！

補習問題

【解答と解説】ページ

別冊の《解答と解説》で，《STEP 問題》《GOAL 問題》《補習問題》の
解答と解説を確認しましょう。

※入試問題について，編集上の都合により解答形式を変更したり，問題の一部を変更・
省略したりしたところがあります（「改」と表記）。また，問題指示文，表記，記号など
は，問題集全体の統一のため，変更したところがあります。本書の入試問題の解答は，
各都道府県で公表されているものを基本的に掲載していますが，一部当編集部で作成し
たものもあります。

もくじ

2章　英作文問題

3章　リスニング問題

リスニング問題の音声は,
スマートフォンやタブレットで聞けるよ。
くわしくは68ページを見てね。

4章　読解問題

読解問題は，各単元6ページ構成になるよ。

01 be動詞の文

目標時間 **10** 分

am/are/is，was/wereを使った文。一般動詞の文とならんですべての英文の基本になるから必ずおさえておこうね。

解答：別冊 p.2

★次の問題に答えなさい。

STEP 1　日本文に合うように，（　　）に適する英語をア～エから選ぼう。

「マキと私は親友です。」

Maki and I (　　　　) good friends.
ア　am　イ　is　ウ　are　エ　do

答え ［　　　　　］

STEP 2　次の文の（　　）の中に入れるのに最も適する英語をア～エから選ぼう。

(　　　　　) aren't in the gym now.
ア　He　イ　She　ウ　It　エ　They

答え ［　　　　　］

STEP 3　日本文に合うように，[　　] に適する語を書こう。

A: Look at that woman.　[　　　　　　　　] she Ms. Green?
（あの女性を見て。彼女はグリーンさんですか。）

B: No, [　　　　　　] [　　　　　　]．　She's Ms. Brown.
（いいえ，ちがいます。彼女はブラウンさんです。）

STEP 4　日本文に合うように，[　　] に適する語を書こう。

「この前の日曜日は雨で，私たちは1日中家にいました。」

It [　　　　　] rainy last Sunday, and we [　　　　　] at home all day.

GOAL 5 入試レベル　(1)　日本語の文の内容と合うように，英文中の（　　）内のア～ウから最も適しているものを一つ選び，記号で答えなさい。　（大阪府）

あなたの好きな歌は何ですか。

What (ア　am　イ　is　ウ　are) your favorite song?

答え ［　　　　　］

(2)　次の文の（　　）の中に入れるのに最も適するものを，あとのア～エの中から選び，その記号を答えなさい。　（神奈川県・改）

One of the boys you met at the party yesterday (　　　　) my brother.
ア　am　イ　is　ウ　are　エ　were

答え ［　　　　　］

わからないときは裏面へ

STEP 1 be 動詞（am/are/is）の使い分け

この文の主語は Maki and I（マキと私）なので複数の人を表すことばである。
複数を表すことばが主語で現在の文のとき，be 動詞は何を使うのかを考える。

STEP 2 否定文でも主語によって be 動詞を使い分ける

この英文の意味は「（　　　）は今，体育館にいません。」で，この英文の主語にふさわしい語を選ばせる問題。
aren't は are not の短縮形なので，are の前にくる主語には，選択肢ア〜エのどの語がふさわしいかを考えよう。

STEP 3 疑問文でも主語によって be 動詞を使い分ける

be 動詞の疑問文は，be 動詞を主語の前に出してつくる。
そのときも be 動詞は主語によって使い分ける。
「彼女はグリーンさんですか。」の英文では，主語は she なので，主語が she のときの be 動詞を，she の前に置く。

STEP 4 be 動詞の過去形は was と were の 2 つ

過去のことを表しているので，be 動詞の過去形を使う。
be 動詞の過去形は was と were の 2 つで，主語によって使い分ける。

GOAL 5 主語が何かを見きわめる

（1）主語は your favorite song で，I でも you でもない単数。
（2）主語は One of the boys you met at the party yesterday。
　　「あなたが昨日パーティーで会った男の子たちの 1 人は，私の兄[弟]です。」という意味の文にする。

POINT ポイント
be 動詞の文のまとめ

❶ be 動詞の使い分け

主語	現在形	過去形
I	am	was
you	are	were
I と you 以外の単数	is	was
複数	are	were

❷ be 動詞の 2 つの意味
　・「A は B です。」（〈A ＝ B〉の関係）
　（例）He is Ken.（彼はケンです。）
　・「A は B にあります[います]。」（B は場所）
　（例）He is at home.（彼は家にいます。）

❸ be 動詞の否定文
　〈主語 ＋ be 動詞 ＋ not 〜.〉の形で「主語は〜では[〜には]ありません。」の意味。
　（例）He is not Ken.（彼はケンではありません。）

❹ be 動詞の疑問文
　〈be 動詞 ＋ 主語 〜?〉の形で「主語は〜ですか[〜にありますか]。」の意味。答えの文でも be 動詞を使う。
　（例）Is he Ken?（彼はケンですか。）
　　—Yes, he is.（はい。）／No, he isn't.（いいえ。）

❺ be 動詞の短縮形
　（例）・I am → I'm　・you are → you're
　　　・is not → isn't　・are not → aren't
　　　※ am not の短縮形はない。
　　　・was not → wasn't　・were not → weren't
　　　・he is not → he's not ／ he isn't

補習問題

 1 日本語の文の内容と合うように，英文中の（　　　）内のア〜ウからそれぞれ最も適しているものを一つ選び，記号で答えなさい。　　　　　　（大阪府）

（1）これらは彼のラケットです。

　　These（**ア** am　　**イ** are　　**ウ** is）his rackets.

　　　　　　　　　　　　　　　　　　　　答え ［　　　　　］

（2）あれらの教科書はあなたのものですか。

　　（**ア** Am　　**イ** Is　　**ウ** Are）those textbooks yours?

　　　　　　　　　　　　　　　　　　　　答え ［　　　　　］

02 一般動詞の文

目標時間 **10**分

like（〜が好きだ），have（〜を持っている），go（行く）など「〜する」を表す一般動詞を使った文。be動詞の文とともに，すべての英文の基本になるよ。

解答：別冊 p.2

★次の問題に答えなさい。

STEP 1
日本文に合うように，（　　）内の語を適する形にして [　　] に入れよう。

「マユミは自転車で学校に通っています。」

Mayumi [　　　　　　　　] to school by bike. （ go ）

STEP 2
日本文に合うように，（　　）に適する英語をア〜エから選ぼう。

「私の兄弟は野菜が好きではありません。」

My brothers (　　　　　) like vegetables.
ア isn't　イ aren't　ウ don't　エ doesn't

答え [　　　　　]

STEP 3
日本文に合うように，[　　] に適する語を書こう。

A: [　　　　　　　] Mr. Smith have dogs or cats?
（スミスさんは犬かネコを飼っていますか。）

B: No, [　　　　　][　　　　　　]. But he has hamsters.
（いいえ，飼っていません。でもハムスターを飼っています。）

STEP 4
日本文に合うように，[　　] に適する語を書こう。

「彼女はこの前の土曜日にデパートに行きましたが，そこで何も買いませんでした。」

She [　　　　　] to the department store last Saturday, but she

[　　　　　] buy anything there.

GOAL 5 入試レベル

（1）日本語の文の内容と合うように，英文中の（　　　）内のア〜ウから最も適しているものを一つ選び，記号で答えなさい。 （大阪府）

私は昨日，私の祖母から手紙を受け取りました。

I（ア receive　イ received　ウ receiving）a letter from my grandmother yesterday.

答え [　　　　　]

（2）次の対話文の□□□に入る最も適当な英語を，下のア〜エのうちから選び，その記号を書きなさい。 （岩手県）

A: I had a good time with my friends yesterday.
B: What □□□ you do?
A: I saw an exciting movie with them.

ア are　イ did　ウ do　エ were

答え [　　　　　]

ヒント

STEP 1
主語は Mayumi（マユミ）で，3人称単数。また，現在のことを表す文だから…。

STEP 2
主語は My brothers（私の兄弟）で複数。like は一般動詞なので，一般動詞の否定文。

STEP 3
一般動詞の have（飼っている）が動詞の疑問文と，その答えの文。
答えの文では，Mr. Smith を代名詞で表すことにも注意。

STEP 4
last Saturday（この前の土曜日）は過去のことだから…。

GOAL 5
（1）も（2）も yesterday（昨日）のことだから…。

わからないときは裏面へ

STEP 1 主語が 3 人称単数で現在の文

「3 人称単数の主語」とは，I（私は）と you（あなたは）以外の単数（1 人・1 つ）の主語のこと。
この問題文の主語は Mayumi（マユミ）で 3 人称単数である。また，この文は現在のことを表す文であることから，動詞の go を -(e)s で終わる形（3 人称単数現在形）にする。

STEP 2 現在のことを表す一般動詞の否定文

この問題文は現在のことを表しており，動詞は like（～が好きだ）で一般動詞なので，選択肢からは，一般動詞の否定文をつくる don't（ = do not）か doesn't（ = does not）を選ぶ。doesn't は主語が 3 人称単数のときに使う。

STEP 3 疑問文でも主語によって do/does を使い分ける

現在のことを表す一般動詞の疑問文は，〈Do［Does］＋主語＋動詞の原形 ～?〉の形で表す。主語が 3 人称単数のときに Does を使う。また，答えの文でも do や does を使う。

STEP 4 過去の文では動詞を過去形に
疑問文・否定文では did を使い，動詞は原形に

過去のことを表す文なので最初の空所には「行く」を表す go の過去形を入れる。あとの空所には過去の否定文をつくる語を入れる。

GOAL 5 現在の文か過去の文かを見きわめる

（1）日本語から過去を表す文だとわかるので，動詞は過去形に。
（2）A の発言から，yesterday（昨日）の話だとわかる。

ポイント
一般動詞の文のまとめ

❶一般動詞の文

【現在の文】
・主語が 3 人称単数のとき，動詞は -(e)s で終わる形（ただし have は例外的に has となる。）
（例）I play baseball.（私は野球をします。）
　　　He plays baseball.（彼は野球をします。）
　　　He has a dog.（彼は犬を飼っています。）

【過去の文】
・-(e)d で終わる規則動詞と，不規則動詞がある。
主語が 3 人称単数でも動詞の形は同じ
（例）I played baseball.（私は野球をしました。）
　　　He played baseball.（彼は野球をしました。）
　　　I wrote a letter.（私は手紙を書きました。）
　　　He wrote a letter.（彼は手紙を書きました。）

❷一般動詞の否定文・疑問文

【現在の文】…ふつうは do を使い，主語が 3 人称単数のとき does を使う
・否定文：〈主語＋ don't［doesn't］＋動詞の原形 ～.〉
（例）I don't play baseball.（私は野球をしません。）
・疑問文：〈Do［Does］＋主語＋動詞の原形 ～?〉
（例）Do you play baseball? — Yes, I do.
　　　（あなたは野球をしますか。— はい。）

【過去の文】…主語が何でも did を使う
・否定文：〈主語＋ didn't［did not］＋動詞の原形 ～.〉
（例）I didn't play baseball.
　　　（私は野球をしませんでした。）
・疑問文：〈Did ＋主語＋動詞の原形 ～?〉
（例）Did you play baseball? — Yes, I did.
　　　（あなたは野球をしましたか。— はい。）

補習問題

1 （　　　）の中の語を最も適当な形にしなさい。ただし，1 語で答えること。　（千葉県）

A: Your bag is beautiful.
B: Thank you!　My mother (buy) it for me last week.

答え ［　　　　　　　　］

2 次の対話が成り立つように，（　　　）の中の単語を並べかえて英文を完成させなさい。　（富山県）

A: May I help you?
B: Well, (any / bags / do / for / have / my / you) sister?
A: Yes, we do.　This one is very popular among young girls.

答え　Well, [　　　　　　　　　　　　　　　　　] sister?

03 進行形の文

解答：別冊 p.2

目標時間 10分

動作が進行している状況を伝える進行形の文。「今」のことなら現在進行形を，「過去」のことなら過去進行形を使うよ。

★次の問題に答えなさい。

STEP 1

日本文に合うように，（　　　）に適する英語を**ア〜エ**から選ぼう。

「私たちはバスを待っているところです。」

We (　　　) waiting for the bus.

ア am　**イ** are　**ウ** is　**エ** be　　　　　答え [　　　　　]

STEP 2

日本文に合うように，（　　　）内の語を適する形にして [　　] に入れよう。

「私は今昼食を食べています。」

I'm [　　　　　　　　　] lunch now. （ have ）

STEP 3

日本文に合うように，（　　　）に適する英語を**ア〜エ**から選ぼう。

「マサハルはその答えを知っています。」

Masaharu (　　　　　) the answer to the question.

ア is knowing　**イ** are knowing　**ウ** knows　**エ** know

答え [　　　　　]

STEP 4

日本文に合うように，[　　] に適する語を書こう。

A: [　　　　　　　][　　　　　　　　　] watching TV?
（彼らはテレビを見ていますか。）

B: Yes, they [　　　　　　　].
（はい，見ています。）

GOAL 5 入試レベル

（1）日本語の文の内容と合うように，英文中の（　　　）内の**ア〜ウ**から最も適しているものを一つ選び，記号で答えなさい。　（大阪府）

私はその時，ダンスを練習していました。
I was （**ア** practice　**イ** practiced　**ウ** practicing） dance then.

答え [　　　　　]

（2）次の対話文の [　　　] に入る最も適当な英語を，下の**ア〜エ**のうちから選び，その記号を書きなさい。

A: I called you about an hour ago, but you didn't answer me.
What [　　] you doing then?
B: Sorry.　I was taking a bath.

ア is　**イ** are　**ウ** was　**エ** were

答え [　　　　　]

HINT ！ ヒント

STEP 1 2

「（今）〜しているところです」は現在進行形を使って表す。現在進行形は〈am/are/is＋動詞の ing 形〉の形を使う。be 動詞は主語によって使い分けるよ。

STEP 3

ふつう進行形にできるのは〈動作〉を表す動詞。〈状態〉を表す動詞は進行形にはしない。know はどっちかな？

STEP 4

進行形の疑問文のつくり方は，be 動詞の疑問文のつくり方と同じで，be 動詞を主語の前に置く。
答えの文でも，be 動詞を使う。

GOAL 5

（1）も（2）も過去にしていたことを表している文なので過去進行形を使って表す。過去進行形は〈was/were＋動詞の ing 形〉の形を使う。be 動詞は主語によって使い分けるよ。

わからないときは裏面へ

STEP 1 be 動詞の使い分け

動作が進行している状況を表すときに進行形を使う。
「（今）〜しているところです」「（今）〜しています」のように現在のことをいうときは現在進行形〈am/are/is ＋動詞の ing 形〉を使う。

STEP 2

「〜しているところでした」「〜していました」のように過去のことをいうときは過去進行形〈was/were ＋動詞の ing 形〉を使う。
現在進行形でも過去進行形でも，be 動詞は主語によって使い分ける。
STEP 1 は，現在の文で主語が we のときの be 動詞を選ぶ。

 STEP 3 進行形にしない動詞

進行形は，〈動作〉が進行している状況を表すので，動作を表す動詞の ing 形が使われる。
know は「〜を知っている」という〈状態〉を表す動詞。
状態を表す動詞は，ふつう進行形にはしない。

STEP 4 進行形の疑問文・否定文

進行形の疑問文と否定文のつくり方は，be 動詞の文と同じ。
疑問文は be 動詞を主語の前に置いてつくり，答えの文でも be 動詞を使う。
否定文は be 動詞のあとに not を置いてつくる。

GOAL 5 入試レベル 時（現在か過去か）と主語に注目する

(1)過去進行形の文。動詞の ing 形を選ぶ。
(2)前の文と B の発言から，過去の話だとわかる。
A「1 時間ほど前にあなたに電話しましたが，あなたは出ませんでした。そのとき何をしていましたか。」
B「すみません。お風呂に入っていました。」

 ポイント 進行形の文のまとめ

❶ 進行形の文
【現在進行形】…〈am/are/is ＋動詞の ing 形〉
（例）He is running.（彼は走っています。）
【過去進行形】…〈was/were ＋動詞の ing 形〉
（例）He was running.（彼は走っていました。）
❷ be 動詞の使い分け
be 動詞の文と同じ。（→ p.10 右上の表）

 ポイント ふつう進行形にしない動詞

know（知っている）・like（好きである）・love（大好きである）・*have（持っている）・want（ほしがっている）・see（見えている）・hear（聞こえている）など
* have は「食べる，飲む」「過ごす」という意味では進行形にできる。

ポイント 進行形の疑問文・否定文のまとめ

❶ 疑問文…〈be 動詞＋主語＋動詞の ing 形 〜?〉
（例）Is he running?（彼は走っていますか。）
— Yes, he is.（はい，走っています。）
— No, he isn't.（いいえ，走っていません。）
❷ 否定文…〈主語＋be 動詞＋not＋動詞の ing 形 〜.〉
（例）He isn't running.（彼は走っていません。）

補習問題

1 （　　　）内の語を最も適当な形にしなさい。ただし 1 語で答えること。

A: When I saw you at the station, you were (talk) with a tall man.　Who was that man?
B: He was my uncle.　He came from Sydney to see me and my family.

答え　[　　　　　　　　　]

2 次の対話が成り立つように，（　　　）内の語を並べかえて英文を完成させなさい。

A: Mom, (raining / it / is) outside?
B: Yes.　Take your umbrella with you.

答え　Mom,[　　　　　　　　　　　　　] outside?

解答：別冊 p.2

★次の問題に答えなさい。

STEP 1

次の対話文の(　　　)に適する英語を，ア～エから選ぼう。

A: (　　　　　　) is the weather in London?
B: It's warm and sunny today.

ア　Where　　イ　How　　ウ　Who　　エ　When

答え ［　　　　　　］

STEP 2

次の対話文の(　　　)に適する英語を，ア～エから選ぼう。

A: You look sleepy.　(　　　　) did you get up today?
B: At six.　I had to go to baseball practice at seven this morning.

ア　What time　　イ　How long　　ウ　Which one　　エ　What sport

答え ［　　　　　　］

STEP 3

日本文に合うように，［　　］に適する語を書こう。

A: Where ［　　　　　］［　　　　　］［　　　　　］ that notebook?
　（あなたはそのノートをどこで買いましたか。）
B: At the 100-yen store.
　（100円ショップです。）

STEP 4

日本文に合うように，［　　］に適する語を書こう。

A: ［　　　　　］［　　　　　］ to the party with you?
　（だれがあなたといっしょにパーティーに行きましたか。）
B: Eri and Yuka did.
　（エリとユカです。）

GOAL 5

次の対話文の□□□にあてはまる最も適当な1語を，下のア～エの中から1つ選び，その記号を書きなさい。

((1)埼玉県 2020　(2)岩手県)

（1）*Miku :* Hi, Joseph.　How are you today?
　　Joseph: I'm fine, thanks, Miku.　□□□ are you going?
　　Miku : I'm going to the *Child Care Support Center.

（注）Child Care Support Center　子育て支援センター

ア　How　　イ　What　　ウ　When　　エ　Where

答え ［　　　　　　］

（2）*A:* Let's clean the classroom.
　　B: OK.　Oh, there is a dictionary on the desk.
　　A: □□□ dictionary is it?
　　B: It's Tony's.　His name is on it.

ア　Where　　イ　Which　　ウ　Whose　　エ　Why

答え ［　　　　　　］

HINT ヒント

STEP 1

Aが天気の様子をたずねて，Bがそれに答えている。様子をたずねるときに使う疑問詞は？

STEP 2

BはAの問いかけに対して，At six.（6時です。）と答えていることから…。

STEP 3

疑問詞で始まる疑問文は，〈疑問詞＋疑問文？〉の形になる。（ただし，疑問詞が主語になるときを除く。）

STEP 4

疑問詞が主語になるときの疑問文は，ふつうの文の語順〈疑問詞＋（助動詞＋）動詞 ～?〉になる。

GOAL 5

たずねられた直後の，答えの文に注目。
疑問詞で始まる疑問文に対する答えの文では，yesやnoは使わず，具体的な内容を答える。

わからないときは裏面へ

STEP 1 疑問詞を使って具体的にたずねたいことを聞く

yes（はい）か no（いいえ）かをたずねる疑問文ではなく，具体的な情報をたずねる疑問文は，疑問詞で文を始める。何をたずねたいかで，疑問詞を使い分ける。
A「ロンドンの天気はどうですか。」 B「今日は暖かくて晴れています。」

STEP 2 〈疑問詞＋名詞〉で疑問詞の役割をする

B が At six.（6時です。）と答えているので，時刻をたずねる語句を入れる。
A「あなたは眠そうですね。今日は何時に起きましたか。」
B「6時です。今朝は7時に野球の練習に行かなければなりませんでした。」

STEP 3 疑問詞のあとは，疑問文の語順

疑問詞で始まる疑問文は，ふつう〈疑問詞＋疑問文？〉の語順。この問題文は「買いましたか」と聞いているので，一般動詞の過去の疑問文を where のあとに続ける。

STEP 4 疑問詞が主語のときの語順

疑問詞が主語の疑問文では，〈疑問詞＋（助動詞＋）動詞 ～？〉の語順。

GOAL 5 疑問文の直後の答えの文に注目

入試レベル

(1) ☐☐☐ を含む疑問文の直後に行き先を答えている。
　　ミク「こんにちは，ジョセフ。今日は元気？」 ジョセフ「元気だよ，ありがとう，ミク。きみはどこに行くところ？」 ミク「子育て支援センターに行くところだよ。」
(2) Tony's は「トニーのもの」という意味。
　　A「教室をそうじしよう。」 B「いいよ。あ，机の上に辞書がある。」 A「だれの辞書かな。」
　　B「トニーのだ。彼の名前が書いてある。」

POINT P ポイント
たずねる内容と
疑問詞・〈疑問詞＋名詞／形容詞／副詞〉

【もの・こと】…what
　（例）What is this?（これは何ですか。）
【人】…who
　（例）Who is he?（彼はだれですか。）
【時】…when
　（例）When's your birthday?
　　　（誕生日はいつですか。）
【場所】…where
　（例）Where is the station?（駅はどこですか。）
【理由・原因】…why
　（例）Why are you late?（なぜ遅刻したのですか。）
【様子・手段】…how
　（例）How do you come to school?
　　　（どうやって学校に来ていますか。）
【どれ・どの】…which 【だれの】…whose
【時刻】…what time 【年齢・古さ】…how old
【数】…how many 【量・金額】…how much
【長さ・期間】…how long 【頻度】…how often
・その他の〈疑問詞＋名詞〉
　（例）What colors do you like?
　　　（何色が好きですか。）

補習問題

1 （　　　）の中のア～オを正しい語順に並べかえ，その順序を符号で示しなさい。なお，文頭に来るべき語も小文字で示してあります。
（千葉県）

A:（ ア your イ old ウ is エ sister オ how ）?
B: She is nineteen, four years older than I.

答え [　　 → 　　 → 　　 → 　　 → 　　]

2 次の文の（　　　）の中に入れるのに最も適するものを，あとのア～エの中から一つ選び，その記号を答えなさい。
（神奈川県・改）

（　　　）do you have for breakfast, rice or *bread?　　（注）bread　パン
ア When　イ Which　ウ Why　エ How

答え [　　　　]

05 助動詞の文①

 目標時間 10分　助動詞のcan, could, mayを使った文の意味と形をおさえておこう。

解答：別冊 p.3

★次の問題に答えなさい。

 ヒント

STEP 1
日本文に合うように，[　　]に適する語を書こう。

「ペンギンは飛ぶことはできませんが，泳ぐことはできます。」

Penguins [　　　　　　　] fly, but they [　　　　　　　] swim.

> **STEP ①**
> 「〜することができる」「〜することができない」を表すときに使う語は？

STEP 2
日本文に合うように，(　　)に適する英語をア〜エから選ぼう。

「トオルは小学生のとき，とてもうまく歌えました。」

Toru could (　　　　) very well when he was an elementary school student.
ア　sing　イ　sings　ウ　sang　エ　singing

答え　[　　　　　　　]

> **STEP ②**
> could は can の過去形。can [could]は助動詞の1つ。助動詞のあとにくる動詞の形は？

STEP 3
日本文に合うように，[　　]に適する語を書こう。

A: [　　　　　　][　　　　　　　] make *okonomiyaki*?
（あなたはお好み焼きを作れますか。）

B: Yes, I [　　　　　　].
（はい，作れます。）

> **STEP ③**
> can を使った疑問文と，その答えの文。

STEP 4
日本文に合うように，[　　]に適する語を書こう。

A: [　　　　　　][　　　　　　] ask a question?
（質問してもいいですか。）
B: Sure, go ahead.
（いいですよ，どうぞ。）

> **STEP ④**
> 相手に許可を求める表現。英文の終わりに「？」がついているので疑問文の形に。

STEP 5
日本文に合うように，[　　]に適する語を書こう。

A: [　　　　　　][　　　　　　] open the door for me?
（ドアを開けてもらえますか。）
B: OK.
（いいよ。）

> **STEP ⑤**
> 相手に依頼する表現。英文の終わりに「？」がついているので疑問文の形に。

GOAL 6
次の対話が成り立つように，(　　)内の語を並べかえて英文を完成させなさい。

A: Daniel, (me / can / with / help / you) my homework?
B: All right.　What can I do for you?
A: I want to ask you about your country.
B: No problem.

答え
Daniel, [　　　　　　　　　　　　　] my homework?

> **GOAL ⑥**
> 〈help＋人＋with 〜〉で「（人）の〜を手伝う」という意味。

わからないときは裏面へ

STEP 1 「〜できる」は助動詞の can を使って表す

「〜することができる」は〈can ＋動詞の原形〉,「〜することができない」は〈cannot［can't］＋動詞の原形〉,「〜することができた」は〈could ＋動詞の原形〉を使って表す。

STEP 2 can, could は助動詞で, 助動詞のあとの動詞は必ず原形。

STEP 3 助動詞を使う疑問文は, 主語の前に助動詞を置いてつくる

「〜することができますか」とたずねる疑問文は助動詞の can を主語の前に置いてつくる。
助動詞の疑問文に対する答えの文では, ふつう助動詞を使って答える。

STEP 4 疑問文で相手に許可を求める表現

助動詞を主語の前に置く疑問文の形で, 相手に許可を求める文をつくる。

STEP 5 疑問文で相手に依頼する表現

助動詞を主語の前に置く疑問文の形で, 相手に依頼する文をつくる。

GOAL 6 入試レベル　can を使って相手に依頼する文に

「？」（クエスチョンマーク）で終わっているので, 疑問文の形（主語の前に助動詞）を想定してみる。
A「ダニエル, 私の宿題を手伝ってくれる？」
B「いいよ。（きみのために）何をしようか。」
A「あなたの国について, あなたにたずねたいの。」
B「いいよ。」

POINT ポイント
can の文のまとめ

❶ can の文
・〈主語＋ can ＋動詞の原形 〜.〉
「〜することができる」
（例）I can swim.（私は泳げます。）

❷ can の否定文・疑問文
【否定文】…cannot または can't を使う
・〈主語＋ cannot［can't］＋動詞の原形 〜.〉
「〜することができない」
（例）I can't swim.（私は泳げません。）
【疑問文】…can を主語の前に置く
・〈Can ＋主語＋動詞の原形 〜?〉
「〜することができますか」
（例）Can you swim?（あなたは泳げますか。）
　　— Yes, I can.（はい, 泳げます。）
　　— No, I can't.（いいえ, 泳げません。）

❸ can の過去の文
・〈主語＋ could ＋動詞の原形 〜.〉
「〜することができた」
（例）I could swim.（私は泳げました。）

POINT ポイント
許可を求める表現と依頼する表現

❶許可を求める表現：「（私は）〜してもいいですか」
　Can［May, Could］I 〜?
❷依頼する表現：「〜してもらえますか」
　Can［Will, Could, Would］you 〜?
※ may, could, would を使うと, ていねいな表現になる。

補習問題

1 次の文の（　　　）の中に入れるのに最も適するものを, あとのア〜エの中から選び, その記号を答えなさい。

A: What are you doing, Ted?
B: Oh, Saki.　I'm looking for the key for my bike.　But I（　　　）find it.
ア　don't　イ　didn't　ウ　won't　エ　can't

答え［　　　　　］

2 日本語の文の内容と合うように, 英文中の（　　　）内のア〜ウから最も適しているものを一つ選び, 記号で答えなさい。　　　　　　（大阪府）

ここで写真を撮ってもいいですか。
（ア　May　イ　Must　ウ　Will）I take a picture here?

答え［　　　　　］

助動詞の文②

助動詞のmust, shouldと，have toを使った文の意味と形をおさえておこう。

解答：別冊 p.3

★次の問題に答えなさい。

STEP 1

日本文に合うように，（　　　）に適する英語を**ア**〜**エ**から選ぼう。

「私たちは環境を守らなければなりません。」
We (　　　　) protect our environment.
ア can　**イ** must　**ウ** don't　**エ** won't

答え ［　　　　　　］

STEP 2

日本文に合うように，（　　　）の中の**ア**〜**ウ**を並べかえよう。

「私は何をすればいいでしょうか。」
What (　**ア** I　　**イ** do　　**ウ** should)?

答え ［　　　→　　　→　　　］

STEP 3

日本文に合うように，（　　　）に適する英語を**ア**〜**エ**から選ぼう。

「ナオキはこの前の日曜日に学校に行かなければなりませんでした。」
Naoki (　　　　) go to school last Sunday.
ア have to　**イ** has to　**ウ** had to　**エ** didn't have to

答え ［　　　　　　］

STEP 4

日本文に合うように，［　　］に適する語を書こう。

A: ［　　　　　　　　　　］you［　　　　　　　　　　］to go now?
（あなたはもう行かなければなりませんか。）
B: Yes.　I want to talk more, but my mother is waiting for me.
（はい。私はもっと話したいのですが，母が私を待っているのです。）

STEP 5

日本文に合うように，（　　　）に適する英語を**ア**〜**エ**から選ぼう。

「あなたは明日来なくてもいいです。」
You (　　　　) come tomorrow.
ア must not　**イ** should not　**ウ** will not　**エ** don't have to

答え ［　　　　　　］

GOAL 6

次の　　　　に入れるのに最も適当なものを，**ア**〜**エ**から一つ選び，記号で答えなさい。
（熊本県）

A: Should I bring something to the party?
B: Everything is ready, so you　　　　bring anything.
ア must　**イ** should　**ウ** don't have to　**エ** didn't

答え ［　　　　　　］

！ヒント

STEP 1
「〜しなければならない」というときに使う助動詞は？

STEP 2
should は「〜したほうがいい」「〜すべきだ」という意味の助動詞。助動詞の疑問文の語順は？

STEP 3
「〜しなければならない」は助動詞の must 以外に have to 〜を使って表すこともできる。この have は主語や時（現在か過去か）によって形が変わるよ。

STEP 4
have to を使った疑問文にする。

STEP 5
「〜しなくてもいい」「〜する必要はない」を表すのはどれ？

GOAL 6
bring は「〜を持ってくる」という意味。

わからないときは裏面へ

STEP 1
STEP 2
助動詞の must と should

助動詞の must は「〜しなければならない」という義務を表し，助動詞の should は「〜したほうがいい」や「〜すべきだ」という意味を表す。

STEP 3
have to／has to／had to

「〜しなければならない」は，助動詞の must 以外に，have to を使っても表せる。
主語が 3 人称単数で現在の文のときは has to に，過去の文のときは had to に変化する。

STEP 4
have to の疑問文

「〜しなければなりませんか」を表す have to の疑問文は，〈Do［Does］＋主語＋ have to ＋動詞の原形 〜?〉の形で表す。

STEP 5
must not と don't have to

must not（ = mustn't）は「〜してはいけない」という強い禁止を表し，don't［doesn't］have to は「〜しなくてもいい」「〜する必要はない」という意味を表す。

GOAL 6
助動詞の使い分け

対話の流れに合う選択肢を選ぶ。
A「私はパーティーに何か持っていくべきですか。」
B「すべて準備ができているので，あなたは何も持ってこなくていいですよ。」

ポイント
must の文のまとめ

❶ふつうの文：「〜しなければならない」
…〈主語＋ must ＋動詞の原形 〜.〉
（例）I must study harder.
（私はもっと熱心に勉強しなければならない。）
❷否定文：「〜してはいけない」
…〈主語＋ must not［mustn't］＋動詞の原形 〜.〉
（例）You mustn't eat here.
（ここでは食事をしてはいけない。）
❸疑問文：「〜しなければなりませんか」
…〈Must ＋主語＋動詞の原形 〜?〉
（例）Must I go there?
（私はそこに行かなければなりませんか。）

ポイント
have to の文のまとめ

❶ふつうの文：「〜しなければならない」
…〈主語＋ have［has, had］to ＋動詞の原形 〜.〉
（例）He has to go home.
（彼は家に帰らなければならない。）
❷否定文：「〜しなくてもいい」「〜する必要はない」
…〈主語＋ don't［doesn't, didn't］have to ＋動詞の原形 〜.〉
（例）You don't have to take off your shoes here.
（ここでは靴を脱がなくてもいいですよ。）
❸疑問文：「〜しなければなりませんか」
…〈Do［Does, Did］＋主語＋ have to ＋動詞の原形 〜?〉
（例）Do I have to go there?
（私はそこに行かなければなりませんか。）

補習問題

1 （　　　）の中のア〜オを正しい語順に並べかえ，その順序を符号で示しなさい。　　　　　　(千葉県)

A: Andy is late.　What should we do?
B: We（ ア wait　イ to　ウ have　エ for　オ don't ）him.　Don't worry.　He'll catch the next train.

答え ［　　　→　　　→　　　→　　　→　　　］

2 日本語の文の内容と合うように，英文中の(　　　)内のア〜ウから最も適しているものを一つ選び，記号で答えなさい。

そういうことを言ってはいけません。
You（ ア　mustn't　イ　don't have to　ウ　couldn't ）say things like that.

答え ［　　　　　　　］

07 未来の文

目標時間 **10**分　助動詞のwillと，be going toを使った文の意味と形をおさえておこう。

解答：別冊 p.3

★次の問題に答えなさい。

STEP 1

日本文に合うように，(　　　)に適する英語を**ア～エ**から選ぼう。

「次の土曜日は雨になるでしょう。」
It (　　　　　) be rainy next Saturday.
ア can　**イ** must　**ウ** will　**エ** should

答え ［　　　　　　　］

STEP 2

日本文に合うように，［　　］に適する語を書こう。

A: What would you like to drink?
　（飲み物は何になさいますか。〈←あなたは何を飲みたいですか。〉）

B: ［　　　　　　　　　　］have coffee, please.
　（私はコーヒーをいただきます。）

STEP 3

日本文に合うように，［　　］に適する語を書こう。

A: ［　　　　　　　　　　］Steve come to the party today?
　（スティーブは今日パーティーに来るでしょうか。）

B: No, ［　　　　　　］［　　　　　　　　　］.
　（いいえ，来ないでしょう。）

STEP 4

日本文に合うように，［　　］に適する語を書こう。

A: We ［　　　　　　］［　　　　　　　　　］to visit Kyoto.
　（私たちは京都を訪れる予定です。）

B: Wow.　How long ［　　　　　　　］you ［　　　　　　］to stay there?
　（わあ。どのくらいの間，そこに滞在する予定ですか。）
A: For a week.　（1週間です。）

STEP 5

日本文に合うように，［　　］に適する語を書こう。

「テレビを消してくれる？」「いいよ。」

［　　　　　　　　］［　　　　　　　　　　］turn off the TV? — All right.

GOAL 6

(　　　　)内の語をすべて用い，意味が通るように並べかえて，正しい英文を完成させなさい。ただし，文頭にくる語も小文字で示してあります。　　（宮崎県）

A: I'm going to go to Canada to study English next week.
B: Really?　(come / you / when / back / will) to Japan?

答え ［　　　　　　　　　　　　　　　　　　　］to Japan?

HINT ヒント

STEP 1

未来の予測や予想を表すときに使われる助動詞は？

STEP 2

will は，今その場で決めたことについて「（これから）〜します」と意志を伝えるときにも使われる。
空所が1つなので，短縮形を使う。

STEP 3

助動詞の will を使った疑問文と答えの文に。

STEP 4

be going to を使った文と疑問文にする。

STEP 5

依頼の表現。疑問文になっていることに注意。

GOAL 6

疑問詞の疑問文に。疑問詞のあとに will の疑問文を続けるよ。

わからないときは裏面へ

ココをおさえる！

STEP 1 助動詞 will の意味

助動詞の will には，①未来の予測や予想を表して「〜でしょう」という意味と，②今その場で決めたことについて「(これから)〜します」という意味がある。

STEP 2

助動詞のあとの動詞は必ず原形なので，will のあとにくる動詞も原形を使う。
STEP 2 の問題では，空所が1つなので短縮形を使って答える。

STEP 3 未来のことをたずねる疑問文と答え方

助動詞を使った疑問文は，助動詞を主語の前に置いて，〈助動詞＋主語＋動詞の原形 〜?〉の語順になる。
will も助動詞なので，疑問文ではこの語順になる。
また，答えの文でも will を使うが，no の答えのときは，ふつう will not の短縮形(won't)を使って答える。

STEP 4 予定を表す be going to の文

未来の予定を表して「〜する予定だ」や「〜するつもりだ」というとき，be going to を使って表す。
このとき be 動詞は，主語によって使い分ける。
be going to の疑問文は，〈be 動詞＋主語＋ going to ＋動詞の原形 〜?〉の形を使って表す。

STEP 5 疑問文で相手に依頼する表現

「?(クエスチョンマーク)」で終わっているので，疑問文の形で依頼する表現を考えてみる。

GOAL 6 疑問詞のあとは疑問文の形に

疑問詞の when から文を始め，そのあとに疑問文の形を続ける。助動詞 will を使った疑問文の語順にする。

POINT ポイント
will の文のまとめ

❶ふつうの文：①「〜でしょう」②「(これから)〜します」…〈主語＋ will ＋動詞の原形 〜.〉
（例）It will rain tomorrow.
　　（明日，雨が降るでしょう。）

❷否定文：①「〜しないでしょう」②「(これから)〜しません」…〈主語＋ will not［won't］＋動詞の原形 〜.〉
（例）It won't rain tomorrow.
　　（明日，雨は降らないでしょう。）

❸疑問文：①「〜するでしょうか」②「〜しますか」…〈Will ＋主語＋動詞の原形 〜?〉
（例）Will it rain tomorrow?
　　（明日，雨は降るでしょうか。）
　　— Yes, it will.（はい，降るでしょう。）
　　— No, it won't.（いいえ，降らないでしょう。）

POINT ポイント
be going to の文のまとめ

❶ふつうの文：「〜する予定[つもり]です」
…〈主語＋ be 動詞＋ going to ＋動詞の原形 〜.〉
（例）I'm going to stay in Okinawa.
　　（私は沖縄に滞在する予定です。）

❷否定文：「〜する予定[つもり]ではありません」
…〈主語＋be 動詞＋not＋going to＋動詞の原形 〜.〉
（例）I'm not going to go there by bus.
　　（私はそこにバスで行くつもりはありません。）

❸疑問文：「〜する予定[つもり]ですか」
…〈be 動詞＋主語＋ going to ＋動詞の原形 〜?〉
（例）Are you going to join the club?
　　（あなたはその部活に入るつもりですか。）
　　— Yes, I am.（はい，入るつもりです。）
　　— No, I'm not.（いいえ，入らないつもりです。）

補習問題

1 会話の流れに合うように，[　　　]に入る英語を書きなさい。　　　　（長崎県・改）

Haruki ：Our school brass band club will have a concert next Sunday.　Did you know that?
Ms. Smith：No, I didn't.　That sounds interesting.　[　　　　　　　] start?
Haruki ：At 2 p.m.　I'll give you this *leaflet.
Ms. Smith：Thank you.　I think I can go.
Haruki ：Great!　Our members will be happy to hear that.

（注）leaflet　（広告の）ちらし

答え　[　　　　　　　　　　　　　　　　　　　　　　] start?

08 「〜がある」を表す文

目標時間 **10**分

「〜がある」「〜がいる」は，There is[are] 〜. を使って表せるぞ。このとき，be動詞の使い分けがポイント！

解答：別冊 p.4

★次の問題に答えなさい。

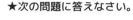

STEP 1 日本文に合うように，（　　　）に適する英語をア〜エから選ぼう。

「かごの中にオレンジがいくつかあります。」

There (　　　　) some oranges in the basket.
ア is　イ are　ウ was　エ were

答え ［　　　　　　　］

STEP 2 日本文に合うように，（　　　）に適する英語をア〜エから選ぼう。

「3 年前，私の家の近くにはバス停がありませんでした。」

There (　　　　) a bus stop near my house three years ago.
ア isn't　イ didn't　ウ wasn't　エ weren't

答え ［　　　　　　　］

STEP 3 日本文に合うように，［　　］に適する語を書こう。

「私のノートは机の上にあります。」

My notebook［　　　　　　　］on the desk.

STEP 4 次の 2 つの文がほぼ同じ意味になるように，［　　］に適する語を書こう。

There aren't any students in the classroom.

There are［　　　　　　　］students in the classroom.

STEP 5 日本文に合うように，［　　］に適する語を書こう。

A: ［　　　　　　　］［　　　　　　　］a library in your town?
（あなたの町に図書館はありますか。）

B: Yes,［　　　　　　　］［　　　　　　　］.
（はい，あります。）

GOAL 6 次の(1)(2)の対話が成り立つように，それぞれ（　　　）の中の語句を並べかえて英文を完成させなさい。文のはじめにくる語も小文字で示してあります。

(1) A: Oh, (a lot / there / people / are / of) in front of that café.
B: Ah, it's a new café.　It's popular among young people.

答え　Oh,［　　　　　　　　　　　］in ....

(2) A: I'm looking for Kenta.
B: Look.　(over / is / there / he).　He's sleeping under the tree.

答え　［　　　　　　　　　　　　　］.

STEP 1
There is [are] 〜 . の be 動詞は，be 動詞のあとの名詞の数と時に合わせるよ。

STEP 3
my notebook（私のノート）は特定の物。特定の物が「ある・いる」というときは，be 動詞で表すよ。

STEP 4
「教室に生徒は 1 人もいません」という意味の文だよ。not を使わずに表すときは…？

STEP 5
疑問文は be 動詞で始めるよ。

GOAL 6
(1)は「たくさんの人がいます」，(2)は「彼はあそこにいます」という意味の文になるよ。

わからないときは裏面へ

STEP 1 be 動詞はあとの名詞の数と時に合わせる

「〜がある」「〜がいる」は There is[are] 〜. で表す。be 動詞はすぐあとの名詞が単数か複数か，時が現在か過去かによって使い分ける。否定文は be 動詞のあとに not。〈be 動詞 +not〉の短縮形（isn't など）もよく使う。

STEP 2

STEP 3 特定の物・人が「ある」「いる」は There is [are] 〜. を使わない

my notebook(私のノート)のように特定の物や人について「(場所などに)ある」「(場所などに)いる」というときは，There is [are] 〜. は使わず，〈be 動詞＋場所を表す語句〉で表す。

STEP 4 「1 つもない」「1 人もいない」の表し方

「〜が 1 つもない」「〜が 1 人もいない」は，be 動詞のあとに not any 〜 か no 〜 を続けて表すことができる。

STEP 5 疑問文は〈be 動詞＋ there 〜?〉

There is[are] 〜. の疑問文は，be 動詞で始めて Is [Are] there 〜? の形。答えるときも there is [are] を使う。「いくつ〜があるか」「何人〜がいるか」というときは，How many 〜 のあとに are there …? を続ける。

GOAL 6 入試レベル 場所を表す there に注意する

(1) 並べかえ問題で there と be 動詞があるとき，there が「そこに，そこで」という場所を表す語として使われる場合もあるので，There is[are] 〜. の文だと決めつけないように注意。

P ポイント

「〜がある」を表す文

❶ There is[are] 〜.

「〜がある」「〜がいる」は There is[are] 〜. で表す。be 動詞はあとの名詞の数と，時によって使い分ける。

（例）There is a book on the desk.

　　　　↑あとの名詞が単数で現在の文

（机の上に本が 1 冊あります。）

【否定文】…be 動詞のあとに not

（例）There isn't a post office near here.

（この近くに郵便局はありません。）

※「1 つもない」「1 人もいない」と強調する場合は，be 動詞のあとに not any 〜 や no 〜 を続けて表す。

【疑問文】…be 動詞で始める

（例）Was there a café here before?

（以前，ここにカフェがありましたか。）

— Yes, there was. （はい。）

— No, there wasn't. （いいえ。）

❷ 特定の物・人が主語の場合

「(場所などに)ある」「(場所などに)いる」は be 動詞で表す。

（例）Aya is in the gym.

（アヤは体育館にいます。）

❸ その他

・Our school has a big gym.

（私たちの学校には大きな体育館があります。）

補習問題

1 ( )内の語を最も適当な形にしなさい。ただし，1 語で答えること。　　　　(千葉県)

A: There (be) many trees around here 20 years ago.
B: Really?　We can only see tall buildings now.

答え　[　　　　　　　　]

2 次の対話が成り立つように，( )内の語句を並べかえて英文を完成させなさい。

A: How many (there / potatoes / in / the box / are)?
B: Three.　I'll buy some more at the store.

答え　How many [　　　　　　　　　　　　　　]?

09 「～すること」を表す 不定詞・動名詞

解答：別冊 p.4

目標時間 **10**分

「～すること」は to ～ または～ing で表すぞ。どちらを目的語にするかが動詞によって違うので注意！

★次の問題に答えなさい。

STEP 1 日本文に合うように，（　　）に適する英語をア～エから選ぼう。

「私は放課後，バスケットボールをしたいです。」

I want (　　　　) basketball after school.
ア play　イ playing　ウ to play　エ will play

答え [　　　　]

STEP 2 日本文に合うように，（　　）に適する英語をア～エから選ぼう。

「私たちは一緒に英語の歌を歌うことを楽しみました。」

We enjoyed (　　　　) English songs together.
ア singing　イ sang　ウ to sing　エ were singing

答え [　　　　]

STEP 3 日本文に合うように，（　　）内の語を適する形にして [　　] に入れよう。ただし，1語とは限りません。

「私たちはそのことについて考える必要があります。」

We need [　　　　　　　　]about it. (think)

STEP 4 日本文に合うように，[　　] に適する語を書こう。

「私の夢はオーストラリアに住むことです。」

My dream is [　　　　　][　　　　　　　]in Australia.

STEP 5 日本文に合うように，[　　] に適する語を書こう。

「夕食にカレーを作るのはどうですか。」

How about [　　　　　][　　　　　　]for dinner?

GOAL 6 次の(1)(2)の(　　)内の語を意味が通るように並べかえて，ア，イ，ウ，エの記号を用いて答えなさい。 ((2)栃木県)

(1) A: Ken, take an umbrella. It's raining.
B: Really? When (ア it　イ raining　ウ did　エ start)?
A: About one hour ago.

答え [　　→　　→　　→　　]

(2) A: What is your plan for this weekend?
B: My plan (ア shopping　イ to　ウ is　エ go) with my sister.

答え [　　→　　→　　→　　]

ヒント

STEP 1
「～したい」は want のあとに何を続ける？

STEP 2
「歌うこと」を表して，enjoy の目的語になるのは…？

STEP 3 4
「考えること」「住むこと」を表す語句が入るよ。

STEP 5
「カレーを作ること」を表す語句が入るよ。前が前置詞の場合は…？

GOAL 6
(1)は「いつ雨が降り始めましたか」，(2)は「私の予定は姉[妹]と買い物に行くことです」という意味の文になるよ。

わからないときは裏面へ

ココをおさえる！

STEP 1 to 〜 と 〜ing のどちらを目的語にするかは動詞によって違う

STEP 2 「〜すること」は〈to ＋動詞の原形〉(不定詞)または〜ing(動名詞)で表す。どちらも動詞の目的語になるが，動詞によってどちらを目的語にするかが違う。like など，どちらも目的語にする動詞もある。どの動詞がどちらを目的語にするか，代表的なものは覚えること。

STEP 4 空所の数も手がかりにできる

空所に「〜すること」を表す語句を入れるとき，前の動詞などで to 〜 か 〜ing かを判断できる場合もある。しかし，そうした手がかりがない場合などには，空所の数がヒントになることがある。

STEP 5 前置詞の目的語の場合は〜ing

前置詞のあとに動詞がくるときは〜ing(動名詞)になる。ここでは空所が 2 つだが，to 〜 を入れないように注意。日本文と英文を注意して照らし合わせて，適切な語句を入れる。

GOAL 6 入試レベル　まずは文の骨組みを組み立てる

(1)は，When と文末の「?」から疑問文になるとわかる。与えられた語で did it とすることができる。残った raining と start をどう並べると意味が通るかを考える。
(2)は，My plan が主語で，あとに動詞がくると推測できる。与えられた語で適切なのは is で，My plan is (私の予定は〜です)となる。残った shopping，to，go をどう並べると意味が通るかを考える。

POINT P ポイント
「〜すること」を表す
不定詞・動名詞

❶ 動詞による目的語の違い
「〜すること」は〈to ＋動詞の原形〉(不定詞)または〜ing(動名詞)で表す。どちらを目的語にするかは動詞によって違う。

目的語	動　詞
to 〜	want，hope，decide
〜ing	enjoy，finish，stop，practice
両方	like，start，begin，love，*need

* need to 〜 は「〜する必要がある」，
  need 〜ing は「〜される必要がある」
  の意味になる
(例) I decided to stay home.
　　（私は家にいることに決めました。）
(例) I finished cleaning my room.
　　（私は部屋をそうじし終えました。）

❷ be 動詞のあとにくる不定詞・動名詞
「…は〜することです」の意味になる。
(例) His job is to grow flowers.
　　His job is growing flowers.
　　（彼の仕事は花を育てることです。）

❸ 主語や，前置詞の目的語になる動名詞
(例) Taking pictures is fun.
　　（写真を撮ることは楽しいです。）
　　※動名詞の主語は 3 人称単数扱い。
(例) Thank you for helping me.
　　（手伝ってくれてありがとう。）
　　※前置詞の目的語になるのは動名詞。

補習問題

1 次の対話文の(　　　)内の語を適当な形にしなさい。

A: Why did you stop (run)?
B: It was too far for me.　I'm really tired.

答え　[　　　　　　　　　　]

2 次の対話が完成するように，(　　　)内の六つの語の中から五つを選んで正しい順番に並べたとき，その(　　　)内で 3 番目と 5 番目にくる語の番号をそれぞれ答えなさい。（不要な語が一つあるので，その語は使用しないこと。）

（神奈川県・改）

A: What (**1.** work　**2.** be　**3.** you　**4.** did　**5.** to　**6.** want) when you were a child?
B: A doctor.　I was interested in helping many people.

答え　3 番目 [　　　　　　]
　　　5 番目 [　　　　　　]

10 「〜するために」「〜するための」を表す不定詞

目標時間 10分

to 〜は「〜するために」という意味で目的を表したり，「〜するための」という意味で名詞を修飾したりもするぞ。

解答：別冊 p.4

★次の問題に答えなさい。

HINT ! ヒント

STEP 1

日本文に合うように，（　　　）に適する英語をア〜エから選ぼう。

「ケンは朝食を作るために早く起きました。」

Ken got up early (　　　　　) breakfast.
ア　made　　イ　to make　　ウ　was making　　エ　makes

答え [　　　　　　　]

STEP 2

日本文に合うように，（　　　）に適する英語をア〜エから選ぼう。

「私は何か食べるものがほしいです。」

I want something (　　　　　　).
ア　eating　　イ　eat　　ウ　am eating　　エ　to eat

答え [　　　　　　]

STEP 3

日本文に合うように，[　　] に適する語を書こう。

「私たちはその手紙を読んで驚きました。」

We were surprised [　　　　　　][　　　　　　] the letter.

STEP 4

日本文に合うように，[　　] に適する語を書こう。

A: Why did you go to the park?
（なぜあなたは公園に行ったのですか。）

B: [　　　　　　][　　　　　　] soccer.
（サッカーをするためです。）

STEP 5

日本文に合うように，（　　　）の中のア〜ウを並べかえよう。

「私には今日するべき宿題があります。」

I have (ア　to　　イ　homework　　ウ　do) today.

答え [　　　→　　　→　　　]

GOAL 6

「私はそれを聞いてうれしく感じます。」という内容になるように，次の[　　　]内の語を並べかえ，英文を完成させなさい。　　　　（大阪府）

I feel [that　happy　hear　to].

答え　I feel [　　　　　　　　　　　].

ヒント欄

STEP 2
something は「何か」。「食べるための」という意味を表す語句が後ろから修飾するよ。

STEP 3
「読んで」という，驚いた原因を表す語句が入るよ。

STEP 4
Why 〜?（なぜ〜か）に対して，「〜するため」と目的を表す語句が入るよ。

STEP 5
homework（宿題）を，「今日するべき」を表す語句が後ろから修飾する形だよ。

GOAL 6
「〜して」と感情の原因を表す語句は，感情を表す形容詞のあとにくるよ。

わからないときは裏面へ

ココをおさえる！

STEP 1 「〜するために」は不定詞で表す

英語で「〇〇は〜するために…する」と表すときは，ふつう，まず「〇〇は…する」といってから，「〜するために」を表す不定詞を続ける。

STEP 2 「何か〜するもの」は something を後ろから修飾する

「何か〜するもの」というときは，something（何か）のあとに不定詞を続ける。この場合の不定詞は「〜するための」という意味を表し，something を後ろから修飾する形になる。something に限らず，「〜するための〇〇」「〜するべき〇〇」というときは，名詞・代名詞のあとに不定詞を続けて表す。

STEP 3 感情の原因を表す不定詞

「〜して驚く」のように「〜して」という感情の原因を表すときは，surprised（驚いた）などの感情を表す形容詞のあとに不定詞を続ける。

STEP 4 Why 〜? に目的を答えるとき

Why 〜?（なぜ〜か）に「〜するために」と目的を答えるときは，不定詞を使う。

GOAL 6 感情の原因を表す不定詞

「〜してうれしい」のように「〜して」という感情の原因を表すときは，感情を表す形容詞のあとに不定詞を続ける。

P ポイント

「〜するために」「〜して」「〜するための」を表す不定詞

❶「〜するために」

「〜するために」は〈to + 動詞の原形〉（不定詞）で表す。

（例）I go there to study.
（私は勉強するためにそこに行きます。）

（例）Why do you need eggs?
（あなたはなぜ卵が必要なのですか。）
— To make a cake.
（ケーキを作るためです。）

❷感情の原因「〜して」

「〜してうれしい」など，感情の原因をいうときは，感情を表す形容詞のあとに to 〜。

（例）I'm sad to hear that.
（私はそれを聞いて悲しいです。）

❸「〜するための」「〜するべき」

to 〜は「〜するための[するべき]」という意味も表し，名詞や代名詞を後ろから修飾する。

（例）I want something to read.
（私は何か読むものがほしいです。）
※「何か温かい食べるもの」というときは something hot to eat の語順。

補習問題

1 次の〔　　　〕内の英語を正しく並べかえて，対話文を完成させなさい。　　　　（岩手県）

A: I practiced baseball very hard.
B: Oh, did you?
A: I'm so tired.　Could you give 〔 drink / me / something / to 〕?
B: Sure.

答え　Could you give [　　　　　　　　　　　　　　　　　　　　　　　　　　]?

2 次の日本語の内容を英語に直しなさい。　　　　（愛媛県）

「私は長い間そこに滞在するために午前中に家を出発したいです。」

答え [

]

11 その他の不定詞の表現

目標時間 10分

to ～は,「～することは…だ」「(人)に～してほしい」「～のしかた」などというときにも使うぞ。語順に注意!

解答:別冊 p.5

★次の問題に答えなさい。

STEP 1 日本文に合うように,(　　　)に適する英語をア～エから選ぼう。

「本を読むことはおもしろいです。」

It's interesting (　　　) books.
ア read　　イ reading　　ウ to reading　　エ to read

答え [　　　　　　]

STEP 2 日本文に合うように,(　　　)に適する英語をア～エから選ぼう。

「私はあなたに私といっしょに来てほしいです。」

I want you (　　　　) with me.
ア to come　　イ coming　　ウ will come　　エ are coming

答え [　　　　　　]

STEP 3 日本文に合うように,[　　]に適する語を書こう。

「母は私にテレビを見させてくれませんでした。」

My mother didn't let me [　　　　　　] TV.

STEP 4 日本文に合うように,(　　　)の中のア～ウを並べかえよう。

「あなたはカレーの作り方を知っていますか。」

Do you know (ア cook　　イ how　　ウ to) curry?

答え [　　　→　　　→　　　]

GOAL 5 (1)(2)の日本文の内容になるように,[　　　　]内の語を並べかえて英文を完成させなさい。 ((1)大阪府)

(1) 「その理由を説明することは難しいです。」

It [difficult　to　is　explain] the reason.

答え　It [　　　　　　　　　　　] the reason.

(2) 「ユウジ(Yuji)は私が宿題をするのを手伝ってくれました。」

[do　helped　Yuji　me] my homework.

答え [　　　　　　　　　　　] my homework.

ヒント

STEP 1
「読むこと」を表す語句が入るよ。

STEP 3
過去の文だけど,空所に入る語は過去形じゃないよ。

STEP 4
「～のしかた」は how で始まるよ。

GOAL 5
まず〈主語 + 動詞〉をつくって,そのあとにどんな語が続くか考えよう。

わからないときは裏面へ

STEP 1 「～することは…だ」は it を主語にして表す

「～することは…だ」というときは，it を形式的な主語にして It … to ～. の形で表す。

STEP 2 「（人）に～してほしい」は語順に注意

「（人）に～してほしい」というときは，〈want ＋（人）+to ～〉で表す。tell, ask も同じ形で使う。

STEP 3 「（人）に～させる」は動詞の原形を使う

「（人）に～させる[させてやる]」というときは，〈let ＋（人）＋ 動詞の原形〉で表す。

STEP 4 「～のしかた」は how のあとに to ～

「～のしかた」「どのように～するか」というときは，〈how to ～〉で表す。ほかの疑問詞も同じ形で使う。

GOAL 5 表現や語順をおさえる

入試レベル

(1)「～することは…だ」は It … to ～. の形で表す。
(2)「（人）が～するのを手伝う」は〈help ＋（人）＋ 動詞の原形〉で表す。

POINT ポイント
不定詞を使うさまざまな表現

❶「～することは…だ」
・～することは…だ：It … to ～.
・～することは（人）にとって…だ：
　　　　　　　　　　It … for+（人）+to ～.

❷「（人）に～してほしい」など
・（人）に～してほしい：want+（人）+to ～
・（人）に～するように言う：tell+（人）+to ～
・（人）に～するように頼む：ask+（人）+to ～

❸「（人）に～させる」など
・（人）に～させる[させてやる]：
　　　　　　　　let+（人）＋ 動詞の原形
・（人）が～するのを手伝う：
　　　　　　　　help+（人）＋ 動詞の原形

❹「～のしかた」など
・～のしかた：how to ～
・何を～するか：what to ～
・いつ～するか：when to ～
・どこで[どこに]～するか：where to ～

補習問題

1 次の〔　　　〕内の語を正しく並べかえて，対話文を完成させなさい。

A: Lisa, I don't 〔 to / know / where / put 〕 this box.
B: Oh, please put it on that desk.
A: OK.

答え　Lisa, I don't [　　　　　　　　　　　　　　　　　　　　　　　　] this box.

2 次の対話が完成するように，（　　　）内の六つの語の中から五つを選んで正しい順番に並べたとき，その（　　　）内で3番目と5番目にくる語の番号をそれぞれ答えなさい。（不要な語が一つあるので，その語は使用しないこと。）

（神奈川県・改）

A: Do you (**1.** that　**2.** think　**3.** want　**4.** to　**5.** me　**6.** open) door?
B: Thank you.　You are very kind.

答え　3番目[　　　　　]

5番目[　　　　　]

12 比較の文

目標時間 **10**分

比較を表す表現には，「…より〜」「いちばん〜」「…と同じくらい〜」などを表す言い方があるぞ。形容詞や副詞の形に注意！

解答：別冊 p.5

★次の問題に答えなさい。

STEP 1 日本文に合うように，(　　　)に適する英語をア〜エから選ぼう。

「ユウタはポールよりも背が高いです。」

Yuta is (　　　) than Paul.
ア tall　イ taller　ウ tallest　エ very tall

答え [　　　　]

STEP 2 日本文に合うように，(　　)内の語を適する形にして [　] に入れよう。

「私の母は家族の中でいちばん早く起きます。」

My mother gets up the [　　　　　] in my family. (early)

STEP 3 日本文に合うように，[　] に適する語を書こう。

「あなたのかばんは私のと同じくらいの大きさです。」

Your bag is [　　　][　　　　] as mine.

STEP 4 日本文に合うように，(　　)の中のア〜ウを並べかえよう。

「私はマキほど忙しくありません。」

I'm (ア as　イ not　ウ busy) as Maki.

答え [　　→　　→　　]

STEP 5 日本文に合うように，[　] に適する語を書こう。

「私はサッカーよりバスケットボールのほうが好きです。」

I like basketball [　　　][　　　　] soccer.

GOAL 6 (1)(2)の英文の(　　)に適する語をア〜ウ，またはア〜エから選びなさい。
((1)大阪府・改 (2)神奈川県・改)

(1) I can run (　　　) than my sister.
（私は私の姉よりも速く走ることができます。）
ア fast　イ faster　ウ fastest

答え [　　　]

(2) Which school event do you like (　　　)?
ア good　イ well　ウ better than　エ the best

答え [　　　]

ヒント

STEP 1 tall（背が高い）の形を変化させた語が入るよ。

STEP 2 語尾を変えるよ。

STEP 3 big を使おう。

STEP 4 まず「私は〜ではない」を表す形をつくろう。

STEP 5 「〜より」は than だよ。

GOAL 6 (2)「あなたはどの学校行事がいちばん好きですか」という意味の文になるよ。

わからないときは裏面へ

ココをおさえる！

STEP 1 「もっと〜」「いちばん〜」は形容詞・副詞の形を変える

2つのものを比べて「…より〜」というときは，形容詞や副詞を「もっと〜，より〜」を意味する形(比較級)に変える。3つ以上のものを比べて「いちばん〜」というときも，形容詞や副詞を「いちばん〜」を意味する形(最上級)に変える。多くの場合は語尾を変える。

STEP 2

STEP 3 「…と同じくらい〜」は as 〜 as …

「…と同じくらい〜」は〈as 〜 as …〉で表す。「〜」には形容詞や副詞のそのままの形(原級)が入る。否定文〈not as 〜 as …〉は「…ほど〜ではない」という意味になる。

STEP 4

STEP 5 「〜のほうが好き」は like 〜 better
「〜がいちばん好き」は like 〜 the best

「〜のほうが好き」は like 〜 better。「…より」というときはあとに than …を続ける。「〜がいちばん好き」は like 〜 the best。the は省略されることもある。

GOAL 6 （入試レベル） than があるときは比較級

（1） than は「〜より」という意味で，あとに比べる対象がくる。than がある場合は形容詞や副詞の比較級を使う。

ポイント
比較の文

❶比較級(もっと〜)と最上級(いちばん〜)
【基本】…語尾が -er, -est
・long — longer — longest
・large — larger — largest
・easy — easier — easiest
【つづりが長めの語】…前に more, most
・famous — more famous — most famous

❷比較級の文・最上級の文
(例) I'm older than Ken.
　　 (私はケンより年上です。)
　　　　※ than は「…より」の意味。
(例) I'm the oldest of all.
　　 (私は全員の中でいちばん年上です。)
　　　　※最上級は前に the がつく。「…の中で」は複数のものには of，範囲には in。

❸その他の比較表現
・…と同じくらい〜：as 〜 as …
・…ほど〜ではない：not as 〜 as …
・…より〜のほうが好き：
　　　　　　like 〜 better than …
・…の中で〜がいちばん好き：
　　　　　　like 〜 the best of [in] …

補習問題

1 次の〔　　　〕内の語を正しく並べかえて，英文を完成させなさい。

Mt. Fuji 〔 the / is / mountain / in / highest 〕Japan.

答え　Mt. Fuji〔 　　　　　　　　　　　　　　　　　　 〕Japan.

2 日本でどこを訪れたいかの生徒へのアンケート結果について，シン(Shin)とメアリー(Mary)が話している。この会話の内容を表している最も適当なグラフを，あとのア〜エの中から選び，記号を書きなさい。　　(佐賀県・改)

Shin : Look.　Tokyo is the most popular place.
Mary: I really want to go to Okinawa, but only 10% of students want to visit there.
　　　Maybe a lot of students want to visit big cities.　Osaka is almost as popular as Tokyo.
Shin : I see, but I want to ski in Hokkaido in the future!

ア 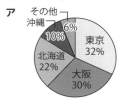　**イ** 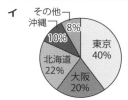　**ウ** 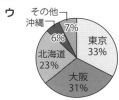　**エ**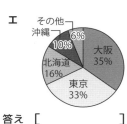

答え［　　　　　　］

13 受け身の文

解答：別冊 p.5

目標時間 **10** 分

「〜される」を表す言い方を「受け身」というぞ。動詞の変化形である過去分詞を使うことがポイント！

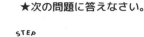

★次の問題に答えなさい。

STEP 1

日本文に合うように，（　　　）に適する英語をア〜エから選ぼう。

「この部屋は毎日使われます。」

This room is (　　　　) every day.
ア use　イ uses　ウ using　エ used

答え ［　　　　　　　］

STEP 2

日本文に合うように，（　　　）内の語を適する形にして ［　　　］ に入れよう。

「この写真はアヤによって撮られました。」

This picture was ［　　　　　　　　　　　　］ by Aya.　(take)

STEP 3

日本文に合うように，［　　　］ に適する語を書こう。

「私はパーティーに招待されませんでした。」

I ［　　　　　　　　　　　］ invited to the party.

STEP 4

日本文に合うように，［　　　］ に適する語を書こう。

A: ［　　　　　　　　　　］ this bird ［　　　　　　　　　　］ in your country?
　（この鳥はあなたの国で見られますか。）

B: Yes, ［　　　　　　　　］ ［　　　　　　　　］.
　（はい，見られます。）

GOAL 5 入試レベル

次の対話文の ［　　　　　］ 内の語句を並べかえて，意味の通る英文を完成させなさい。ただし，［　　　　　］ 内の語句を全部使うこと。　（高知県・改）

Daniel: What are you doing?
Fred : I'm reading a Japanese novel.　It ［ by / written / writer / was / a famous ］.
Daniel: Wow!　Can you read Japanese?
Fred : Yes.

答え　It ［　　　　　　　　　　　　　　　　　　　　　　　　］.

わからないときは裏面へ

STEP 1 「〜される」は〈be 動詞＋過去分詞〉

「〜される」という「受け身」の意味は，〈be 動詞 + 過去分詞〉で表す。過去分詞とは動詞の変化形の１つで，規則動詞は過去形と同じ -(e)d の形。不規則動詞も過去形と同じ形の場合が多い。ただし，過去形と違う形になる語もよく使われる。be 動詞は主語と時（現在か過去か）によって使い分ける。

STEP 3 受け身の否定文はふつうの be 動詞の文と同じ

「〜されない」という受け身の否定文は，ふつうの be 動詞の否定文と同じつくり方をする。

STEP 4 受け身の疑問文はふつうの be 動詞の文と同じ

「〜されますか」という受け身の疑問文は，ふつうの be 動詞の疑問文と同じつくり方をする。答え方も同じ。

GOAL 5 入試レベル まず文の骨組み〈主語＋動詞〉を組み立てる

主語 It があるので，動詞 was を続ける。残った語句で was のあとに続けられるものはいくつかある。どの語句が適切かわからない場合は，was のあとにはこだわらず，残った語句を組み合わせてできる表現を考えてみてもよい。by 〜には「〜によって」という意味もある。

ポイント
受け身の文

❶受け身の文の形…〈be 動詞＋過去分詞〉
be 動詞は主語と時で使い分ける（→ p.10）。
（例）Kyoto is visited by a lot of people.
　　　（京都は多くの人に訪れられます。）
　　　※ by 〜は「〜によって」の意味。
❷過去分詞
過去分詞は過去形と同じ場合が多いが，違う形のものもある。
・make — made — made
・write — wrote — written
・see — saw — seen

ポイント
受け身の否定文・疑問文

❶否定文…〈主語＋ be 動詞＋ not ＋過去分詞 〜.〉
（例）Chinese isn't used in this country.
　　　（中国語はこの国では使われていません。）
❷疑問文…〈be 動詞＋主語＋過去分詞 〜?〉
（例）Was this house built last year?
　　　（この家は去年建てられましたか。）

補習問題

1 次の対話文の（　　　）に入る最も適当な英語を，下のア〜エから選び，記号を書きなさい。

A: Do you know this singer?
B: Yes, of course.　She's really popular.　She's (　　　　) by a lot of young people in my country.
A: Oh, really?

ア　like　　イ　liked　　ウ　likes　　エ　to like

答え　［　　　　　　］

2 次の対話が完成するように，（　　　）内の六つの語の中から五つを選んで正しい順番に並べたとき，その（　　　）内で３番目と５番目にくる語の番号をそれぞれ答えなさい。（不要な語が一つあるので，その語は使用しないこと。）

（神奈川県・改）

A: A lot of people use English all over the world.
B: Yes.　English is (**1.** by　**2.** people　**3.** as　**4.** many　**5.** uses　**6.** spoken) their first language.

答え　３番目［　　　　　　］

５番目［　　　　　　］

14. 現在完了形の文①

「〜してしまった」という「完了」や,「〜したことがある」という「経験」は,現在完了形で表す。過去分詞を使うぞ！

解答：別冊 p.6

★次の問題に答えなさい。

STEP 1
日本文に合うように,（　　　）に適する英語をア〜エから選ぼう。

「私はもう宿題をしました。」

I have already (　　　　　) my homework.
ア do　イ did　ウ done　エ doing

答え ［　　　　　］

STEP 2
日本文に合うように,［　　］に適する語を書こう。

A: ［　　　　　　　　　　］you［　　　　　　　　　］your room yet?
（あなたはもう自分の部屋をそうじしましたか。）

B: Yes, I ［　　　　　　　　］.
（はい,しました。）

STEP 3
日本文に合うように,（　　　）に適する英語をア〜エから選ぼう。

「私は 2 回沖縄に行ったことがあります。」

I've (　　　　) to Okinawa twice.
ア go　イ went　ウ be　エ been

答え ［　　　　　］

STEP 4
日本文に合うように,（　　　）に適する英語をア〜エから選ぼう。

「私は海で泳いだことが 1 度もありません。」

I've (　　　　) swum in the sea.
ア no　イ don't　ウ never　エ didn't

答え ［　　　　　］

GOAL 5 入試レベル
(1) 日本語の文の内容と合うように,英文中の（　　　）内のア〜ウから最も適しているものを一つ選び,記号で答えなさい。 (大阪府)

私はこのような甘いりんごを食べたことがありません。
I have never (ア　eat　イ　ate　ウ　eaten) a sweet apple like this.

答え ［　　　　　］

(2) 次の文の（　　　）に適する語をア〜エから一つ選び,記号で答えなさい。

The train (　　　　) arrived yet.
ア doesn't　イ haven't　ウ hasn't　エ didn't

答え ［　　　　　］

わからないときは裏面へ

HINT ヒント

STEP 1
「（もう）〜した[してしまった]」というときは,動詞の過去分詞を使うよ。

STEP 2
現在完了形の疑問文では do や did は使わないよ。

STEP 3
「〜したことがある」は現在完了形で表すから,動詞の過去形は使わないよ。

STEP 4
「1 度も〜ない」「決して〜ない」という意味の語を使うよ。

GOAL 5
(2)は主語が 3 人称単数だよ。

ココをおさえる！

STEP 1　「（すでに）〜した」は〈have＋過去分詞〉で表す

「（すでに）〜した」という「完了」の意味は，〈have＋過去分詞〉で表す。この形を現在完了形という。主語が3人称単数のときは has を使う。already は「もう，すでに」の意味。just「ちょうど」もよく使われる。

STEP 2　現在完了形の疑問文は have を主語の前に出す

「もう〜しましたか」などを表す現在完了形の疑問文は，have を主語の前に出す。答えるときも have を使う。yet は疑問文では「もう」という意味。

STEP 3　「〜したことがある」は〈have＋過去分詞〉で表す

「〜したことがある」という「経験」の意味は，〈have＋過去分詞〉で表す。「〜に行ったことがある」というときは，be 動詞の過去分詞を使うことが多い。

STEP 4　現在完了形の否定文は have のあとに not
「経験」の否定文では never をよく使う

GOAL 5　「まだ〜していない」などを表す現在完了形の否定文は，have のあとに not を置く。have not の短縮形は haven't。「経験」の否定文は，not の代わりに never（1度も〜ない）を使うことが多く，「〜したことが1度もない」の意味を表す。

ポイント
現在完了形の文

❶「完了」を表す現在完了形の文
・ふつうの文…〈主語＋have[has]＋過去分詞 〜.〉
　（例）I have just had lunch.
　　　　（私はちょうど昼食を食べたところです。）
・否定文…〈主語＋have[has]＋not＋過去分詞 〜.〉
　（例）I haven't left home yet.
　　　　（私はまだ家を出ていません。）
　　　　※ yet は否定文では「まだ」という意味。
・疑問文…〈Have[Has]＋主語＋過去分詞 〜?〉
　（例）Has he come yet?（彼はもう来ましたか。）
　　　　— Yes, he has.　（はい。）
　　　　※ yet は疑問文では「もう」という意味。

❷「経験」を表す現在完了形の文
・ふつうの文
　（例）I've been there three times.
　　　　（私はそこに3回行ったことがあります。）
　　　　※「行ったことがある」というときは，
　　　　be 動詞の過去分詞 been をよく使う。
・否定文と疑問文
　（例）He has never seen snow.
　　　　（彼は雪を見たことが1度もありません。）
　（例）Have you ever played chess?
　　　　（今までにチェスをしたことがありますか。）

補習問題

1　次のうち，□□□に入れるのに最も適しているものはどれですか。一つ選び，記号で答えなさい。

（大阪府・改）

Yoshio: I went to Lake Biwa last Sunday.　Have you ever been there?
Sarah: □□□□□　I want to go there someday.

ア　Yes, I did.　イ　Yes, he has.　ウ　No, you don't.　エ　No, I haven't.

答え［　　　　　　　］

2　次の対話が成り立つように，（　　　）の中の単語を並べかえて英文を完成させなさい。

（富山県・改）

A: I had no time to eat breakfast this morning.　I'm very hungry.
B: You often say so.　You must get up earlier.
A: I know.　So (decided / go / I've / to / to) bed before eleven.

答え　So［　　　　　　　　　　　　　　　］bed before eleven.

15 現在完了形の文②／現在完了進行形の文

目標時間 **10**分

解答：別冊 p.6

「ずっと〜だ」という状態の「継続」も現在完了形で表す。
そして，過去に始まった動作について「ずっと〜している」
と今も進行中だと伝えるときは，現在完了進行形で表すぞ！

★次の問題に答えなさい。

!ヒント

STEP 1

日本文に合うように，（　　　）に適する英語をア〜エから選ぼう。

「私たちは 2010 年からお互いを知っています。」

We have (　　　　) each other since 2010.
ア　knowing　　イ　know　　ウ　known　　エ　knew

答え ［　　　　　］

STEP ❶
過去分詞が入るよ。

STEP 2

日本文に合うように，［　　　］に適する語を書こう。

A: ［　　　　　　　　　］you［　　　　　　　　　］in this town for a long time?
（あなたは長い間この町に住んでいるのですか。）

B: No, I［　　　　　　　　］.
（いいえ，住んでいません。）

STEP ❷
現在完了形の疑問文では do
や did は使わないよ。

STEP 3

日本文に合うように，（　　　）に適する英語をア〜エから選ぼう。

「彼は 2 時間ずっとテレビを見ています。」

He has (　　　　) TV for two hours.
ア　is watching　　イ　been watching　　ウ　watching　　エ　to watch

答え ［　　　　　］

STEP ❸
動作について「ずっと〜している」というときは，〈have［has］+be 動詞の過去分詞+〜ing〉で表すよ。

STEP 4

日本文に合うように，［　　　］に適する語を書こう。

A: How long［　　　　　　　　　］you［　　　　　　　　　］waiting for Emma?
（あなたはどれくらいエマを待っているのですか。）

B: ［　　　　　　　　　］two o'clock.
（2 時からです。）

STEP ❹
この「〜から」は，「〜からずっと，〜以来」という意味の語で表すよ。

GOAL 5

次の対話文の文意が通るように，（　　　）の中のア〜ウ，またはア〜エを正しく
並べかえて，左から順にその記号を書きなさい。　　　　（(2)愛媛県）

(1)　A: How is Kenji?
　　 B: I don't know. I（ア　seen　イ　haven't　ウ　him ）for a year.

答え ［　　　→　　　→　　　］

(2)　A: What（ア　you　イ　looking　ウ　have　エ　been ）for since this
　　　　morning?
　　 B: My dictionary. My father bought it for me.

答え ［　　　→　　　→　　　→　　　］

GOAL ❺
(2)は疑問詞のあとに疑問文の形を続けるよ。have を主語の前に置こう。

わからないときは裏面へ

STEP 1 「ずっと〜だ」は〈have ＋過去分詞〉で表す

「ずっと〜だ」という状態の「継続」は，〈have＋ 過去分詞〉で表す。since は状態が始まった時を表して「〜から，〜以来」の意味。継続の期間をいうときは for 〜（〜の間）を使う。

STEP 2 現在完了形の疑問文は have を主語の前に出す

「ずっと〜ですか」などを表す現在完了形の疑問文は，have を主語の前に出す。答えるときも have を使う。How long（どれくらい長く）などの疑問詞がある場合は，疑問詞のあとに疑問文の形を続ける。

STEP 3 「ずっと〜している」は〈have been＋ 〜ing〉で表す

「ずっと〜している」と，過去に始まった動作が今も進行中であることをいうときは，〈have been＋ 〜ing〉で表す。この形を現在完了進行形という。

STEP 4 現在完了進行形の疑問文も have を主語の前に出す

「ずっと〜しているのですか」という現在完了進行形の疑問文も，have を主語の前に出す。How long（どれくらい長く）などの疑問詞がある場合は，疑問詞のあとに疑問文の形を続ける。

GOAL 5 入試レベル 現在完了形の否定文は have のあとに not

(1)「ずっと〜ではない」などを表す現在完了形の否定文は，have のあとに not を置く。have not の短縮形は haven't。

ポイント
状態の「継続」を表す現在完了形の文

❶ふつうの文…〈主語＋ have[has]＋過去分詞 〜.〉
（例）I've been busy since last Friday.
　（私はこの前の金曜日からずっと忙しい。）
❷否定文…〈主語＋ have[has]＋ not ＋過去分詞 〜.〉
（例）I haven't heard from her for many years.
　（彼女から何年間も便りがありません。）
❸疑問文…〈Have[Has]＋主語＋過去分詞 〜?〉
（例）Have you known him for a long time?
　（あなたは彼を長い間知っているのですか。）
（例）How long have they been there?
　（彼らはどれくらいそこにいるのですか。）

ポイント
現在完了進行形の文

❶現在完了進行形…〈have[has] been ＋ 〜ing〉
（例）I've been studying for two hours.
　（私は 2 時間ずっと勉強しています。）
❷疑問文…〈Have[Has]＋主語＋ been ＋〜ing …?〉
（例）Has he been cooking lunch since noon?
　（彼は正午から昼食を作っているのですか。）
（例）How long have you been talking here?
　（あなたたちはどれくらいここで話しているのですか。）

補習問題

1 （　　　）の中に補う英語として，ア〜エの中から最も適切なものを 1 つ選び，記号で答えなさい。

（静岡県・改）

Takuma: You have lived in Japan (　　　) last month.　How is your life here?
Ms. Bell: Wonderful!　Japanese people are kind to me.

ア at　イ for　ウ with　エ since

答え ［　　　　　　　］

2 次の対話文の〔　　　〕内の語を並べかえて，意味の通る英文を完成させなさい。

（高知県）

Meg　: Hey, Kenta.　Can we go to the library together now?
Kenta: I'm still busy.　I can't go with you.
Meg　: How 〔 been / have / playing / you / long 〕 that video game?
Kenta: For three hours.

答え　How ［　　　　　　　　　　　　　　　　　］that video game?

16 あとに文が続く接続詞

解答：別冊 p.6

目標時間 10分

「〜ということ」を表すthatや，「〜のとき」を表すwwhenなどは，あとに〈主語＋動詞〜〉を続けて意味のまとまりをつくる。意味と使い方をチェックしよう！

★次の問題に答えなさい。

STEP 1 日本文に合うように，（　　）に適する英語をア〜エから選ぼう。

「私は，あなたは歌がうまいと思います。」

I think (　　　　) you're a good singer.
ア it　イ this　ウ that　エ what

答え〔　　　　　〕

STEP 2 日本文に合うように，[　　]に適する語を書こう。

「私たちは彼女がフランス語を話すことを知っています。」

We know [　　　　　][　　　　　　　　] French.

STEP 3 日本文に合うように，（　　）に適する英語をア〜エから選ぼう。

「私が起きたとき，雨が降っていました。」

It was raining (　　　　) I got up.
ア when　イ if　ウ because　エ time

答え〔　　　　　〕

STEP 4 日本文に合うように，[　　]に適する語を書こう。

「私は疲れていたので早く寝ました。」

I went to bed early [　　　　　　　] I was tired.

STEP 5 日本文に合うように，[　　]に適する語を書こう。

「もし明日晴れていたら，ハイキングに行きましょう。」

[　　　　　　] it [　　　　　　　　] sunny tomorrow, let's go hiking.

GOAL 6 次の対話文の意味が通るように，（　　　）内のア〜エの語句を正しく並べかえなさい。

(1) *A:* I (ア that イ is ウ think エ this movie) interesting.
B: Really?　I saw it, but I didn't enjoy it.

答え〔　　→　　→　　→　　〕

(2) *A:* Jake, can you help (ア you イ are ウ if エ me) free?
B: Sure.　I have nothing to do today.

答え〔　　→　　→　　→　　〕

わからないときは裏面へ

ヒント

STEP 2
know のあとに，「〜ということ」を表す語が省略された文になるよ。

STEP 4
Why 〜? に対して理由を答えるときにも使う語だよ。

STEP 5
未来のことをいっているけど，現在の文で表すよ。

GOAL 6
(1)は「この映画はおもしろいと思います」，(2)は「もしひまなら手伝ってくれますか」という文になるよ。

STEP 1

「私は〜と思う」は I think that 〜.

STEP 2

「〜と思う」は，think（思う）のあとに「〜ということ」を表す that を続け，そのあとに思う内容を表す〈主語＋動詞 〜〉を続ける。〈that ＋主語＋動詞 〜〉は，know や hope などの目的語にもなる。この that は省略できる。

STEP 3

「〜のとき」は when 〜，「〜なので」は because 〜，「もし〜なら」は if 〜

「〜のとき」は，when のあとに〈主語＋動詞 〜〉を続けて表す。〈when＋主語＋動詞 〜〉は文の前半にも後半にも置ける。

STEP 4

「〜なので」は，because のあとに〈主語＋動詞 〜〉を続けて表す。〈because＋主語＋動詞 〜〉は文の後半に置くことが多い。

STEP 5

「もし〜なら」は，if のあとに〈主語＋動詞 〜〉を続けて表す。〈if＋主語＋動詞 〜〉は文の前半にも後半にも置ける。if 〜や when 〜のまとまりでは，未来のことをいう場合でも現在の文で表す。

GOAL 6 入試レベル

まず文の骨組み〈主語＋動詞（＋目的語／補語）〉を組み立てる

(1)は，前に I があるので直後には think がくる。残った that, is, this movie で think のあとに続けられる形を考える。
(2)は，can you help のあとに me を続けると「私を助けてくれますか」となる。残った you，are，if でそのあとに続けられる形を考える。

ポイント
接続詞 that「〜ということ」

❶ think などの目的語になる
（例）I think (that) Ms. Smith is nice.
（スミス先生はやさしいと思います。）
❷ I'm sure などのあとに続く
sure（確信して）や happy（うれしい）などの気持ちや感情を表す形容詞のあとでも使われる。
（例）I'm sure (that) they will win.
（彼らはきっと勝つと思います。）

ポイント
接続詞 when など

❶ when「〜のとき」
（例）When I'm sad, I listen to this song.
（私は悲しいとき，この歌を聞きます。）
❷ if「もし〜なら」
（例）We'll be late if we miss the train.
（もし電車を逃したら，私たちは遅れます。）
※ if 〜や when 〜 では未来のことをいう場合でも現在の文で表す。
❸ because「〜なので」
（例）I can't go because I'm busy.
（私は忙しいので行けません。）

補習問題

1 次の対話文の〔　　　　〕について，ア〜カの語句を並べかえて正しい英文を完成させなさい。　　（山形県・改）

Yoshie: 〔 **ア** use　**イ** can　**ウ** you　**エ** do　**オ** your father　**カ** think 〕 this computer?
David: Yes.　He often writes e-mails with it.

答え　[　　　　→　　　　→　　　　→　　　　→　　　　→　　　　]

2 次の会話について，〔　　　　〕内の語を正しく並べかえて，英文を完成させなさい。　　（岐阜県）

Takashi: Hi, Mike.　I'm going to study for the test with my friend on Saturday.　Would you like to join us?
Mike ：I'd love to.　When will you start?
Takashi: About ten o'clock.
Mike ：I have to clean my room, so I will 〔 call / I / leave / when / you 〕 my house.

答え　..., so I will 〔　　　　　　　　　　　　　　　　　　　〕 my house.

17 仮定法

解答：別冊 p.7

目標時間 **10**分

「もし〜だったら，…だろうに」や「〜だといいのに」のように，現実とは違う仮定や願望をいうとき仮定法を使うぞ。

★次の問題に答えなさい。

STEP 1 日本文に合うように，（　　　）に適する英語をア〜エから選ぼう。

「私がバイオリンをひけたらなあ。」

I wish I (　　　　) the violin.
ア　can play　　イ　could play　　ウ　can played　　エ　could played

答え　［　　　　　　　］

STEP 2 日本文に合うように，（　　　）に適する英語をア〜エから選ぼう。

「もし私が 100 万円を持っていたら，世界中を旅するのだけれど。」

If I (　　　　) one million yen, I would travel around the world.
ア　have　　イ　had　　ウ　has　　エ　have had

答え　［　　　　　　　］

STEP 3 日本文に合うように，（　　　）内の語を適する形にして［　　］に入れよう。

「私が歌がうまかったらなあ。」

I wish I ［　　　　　　　　　］ a good singer.　（ be ）

STEP 4 日本文に合うように，［　　］に適する語を書こう。

「もし私がハワイに住んでいたら，1 年中サーフィンを楽しめるのだけど。」

If I lived in Hawaii, I ［　　　　　　　　　］ enjoy surfing all year round.

GOAL 5 次の対話文の□□□に入れるのに最も適当なものを，それぞれ下のア〜エから一つ選び，記号で答えなさい。　　　　（（1）熊本県　（2）岩手県）

（1）　*A:* Look at the man over there!
　　　　He's playing basketball very well.
　　　B: Right.　He's so cool!
　　　　I wish I □□□ play like him.

　　ア　will　　イ　can　　ウ　could　　エ　should

答え　［　　　　　　　］

（2）　*A:* I have been sick since this morning.
　　　B: Oh, really?　How do you feel now?
　　　A: Not so good.　I will go to bed earlier.
　　　B: If I □□□ you, I would *go* to the doctor.

　　ア　am　　イ　were　　ウ　wish　　エ　wished

答え　［　　　　　　　］

ヒント

STEP 1 2
現実と違うことを表すときには仮定法を使う。仮定法では動詞や助動詞をどんな形にすればよかったかな。

STEP 3
仮定法の文では，be 動詞はどんな形を使うんだったかな。

STEP 4
If で始まる仮定法の文では，後半の文でどんな語を使うかな。

GOAL 5
どちらも仮定法の文。対話文の意味も考えて，選択肢から選ぼう。

わからないときは裏面へ

STEP 1 仮定法では過去形を使う

I wish で始めて，そのあとに文を続けると，「〜だといいのに。」という意味で，現在実現できない願望を表すことができる。このとき I wish のあとに続く文の動詞や助動詞は過去形にする。

STEP 2 仮定法では過去形を使う

現実ではないことについて「もし〜だったら，…するのに［できるのに］。」というとき，〈If 〜，….〉という形で表す。このとき「〜」に入る文の動詞や助動詞は過去形にする。

STEP 3 仮定法では be 動詞は were を使う

〈I wish 〜.〉の文でも，〈If 〜，….〉の文でも，be 動詞を使って仮定法の文をつくるとき，主語が何であっても be 動詞はふつう were を使う。

STEP 4 仮定法では過去形を使う

「もし〜だったら，…するのに［できるのに］。」を表す〈If 〜，….〉の文では，「…」には〈主語＋ would［could］＋動詞の原形 ―〉の形が入る。would や could は助動詞の過去形。

GOAL 5 仮定法の文では動詞や助動詞の形に注意する

現実とは違う仮定や願望をいうときは，動詞や助動詞の過去形を使って表す。

POINT ポイント

仮定法では動詞や助動詞を過去形にする

現実とは違うことを表して「もし〜だったら」や「〜だといいのに」というときは仮定法を使う。

仮定法の文では動詞や助動詞の過去形を使う。

（例）If I had time, I would help you.
↑ will の過去形

（もし私に時間があれば，あなたを手伝うのですが。）

（例）I wish I could speak Chinese.
↑ can の過去形

（私が中国語を話せたらなあ。）

補習問題

1 日本語の文の内容と合うように，英文中の（　　　）内のア〜ウから最も適しているものを選び，記号で答えなさい。（大阪府）

もし私があなたならば，そんなことはしないでしょうに。

If I were you, I（　ア　wouldn't　　イ　don't　　ウ　can't　）do such a thing.

答え ［　　　　　］

2 次の対話が完成するように，（　　　）内の六つの語の中から五つを選んで正しい順番に並べたとき，その（　　　）内で 3 番目と 5 番目にくる語の番号をそれぞれ答えなさい。（不要な語が一つあるので，その語は使用しないこと。）（神奈川県）

A: Can you play the piano?
B: Just a little.　But I（ **1.** better　**2.** wish　**3.** were　**4.** I　**5.** could　**6.** at ）playing it.

答え　3 番目［　　　　　］　　5 番目［　　　　　］

18 いろいろな文型

目標時間 10分

「〜になる」や「（人）に（物・こと）を〜する」や「AをBと呼ぶ」などは，動詞のあとにどんな語がくるかがポイント。語順を問われやすいぞ。

解答：別冊 p.7

★次の問題に答えなさい。

STEP 1 日本文に合うように，（　　　）に適する英語をア〜エから選ぼう。

「姉は獣医師になりました。」
My sister (　　　　　) a vet.
ア went　イ became　ウ called　エ gave

答え [　　　　　]

STEP 2 日本文に合うように，（　　　）に適する英語をア〜エから選ぼう。

「マキは昨日，私に数学を教えてくれました。」
Maki taught (　　　　　) yesterday.
ア math me　イ to me math　ウ me math　エ me to math

答え [　　　　　]

STEP 3 2つの英文がほぼ同じ意味になるように，[　　　]に適する語を書こう。

Ken showed us some pictures.

Ken showed some pictures [　　　　　　　　　] us.

STEP 4 日本文に合うように，[　　　]に適する語を書こう。

「わあ，これらのケーキはとてもおいしそうに見えます。」

Wow, these cakes [　　　　　　　　　] delicious.

STEP 5 日本文に合うように，[　　　]に適する語を書こう。

「友達は私をマリと呼びます。」

My friends [　　　　　　　　][　　　　　　　　　] Mari.

GOAL 6 次の(1)(2)の対話文を完成させなさい。それぞれの（　　　）の中のア〜オを正しい語順に並べかえ，その順序を符号で示しなさい。　（(1)高知県・改　(2)千葉県）

（1）　A: You look happy.
　　　B: Yes, I am.　Tom (ア these　イ gave　ウ beautiful　エ me　オ flowers).

答え [　　　→　　　→　　　→　　　→　　　]

（2）　A: Who introduced this book to you?
　　　B: Roy did.　It (ア made　イ interested　ウ me　エ in　オ recycling).

答え [　　　→　　　→　　　→　　　→　　　]

わからないときは裏面へ

HINT ! ヒント

STEP 2 「（人)に（物・こと）を〜する」というとき，動詞のあとの目的語の語順は…？

STEP 3 英文の意味は「ケンは私たちに何枚かの写真を見せてくれました」。

STEP 4 「〜に見える」という意味の動詞だよ。「見る」という意味もあるよ。

STEP 5 「私を呼ぶ」を表す英語が入るよ。

GOAL 6 (1)は「私に〜をくれた」，(2)は「私を〜（な状態)にした」という意味の文になるよ。

STEP 2 動詞のあとは〈人〉→〈物・こと〉の順

「(人)に(物・こと)を～する」という意味を表す英文は，動詞のあとに目的語が2つ続く。目的語の語順は日本語と同じく〈人〉→〈物・こと〉。

STEP 3 目的語を入れかえるときは to か for を使う

動詞のあとの2つの目的語は，to または for を使って順序を入れかえることができる。〈動詞 +(物・こと)+to+(人)〉または〈動詞 +(物・こと)+for+(人)〉という形になる。to と for のどちらを使うかは，動詞によって決まる。

STEP 5 「A を B と呼ぶ」は A → B の語順

「A を B と呼ぶ」や「A を B(の状態)にする」などの意味の英文は，動詞のあとが A(目的語) → B(補語)の語順になる。「補語」とは，目的語や主語を説明する働きをする語で，文型によって「目的語＝補語」や「主語＝補語」の関係になる。

GOAL 6 動詞のあとの語順に注意する

(1)の gave は give (〈人〉に〈物〉をあげる)の過去形。動詞のあとに目的語が2つ続く。目的語は1語とは限らない。
(2)の made は make (A を B にする)の過去形。A → B の語順が続く。ここでの B は，A の状態を表す語句(補語)。

 ポイント
いろいろな文型

❶ 〈主語＋動詞＋補語〉(SVC)
主語＝補語の関係になる。
SVC の動詞の例：become, look, feel
(例)I feel cold. ← I = cold の関係
　　（私は寒いです。）

❷〈主語＋動詞＋目的語＋目的語〉(SVOO)
「(人)に(物・こと)を～する」の意味。
動詞のあとは〈人〉→〈物・こと〉の語順。
SVOO の動詞の例：give, show, tell
(例)I told him the story.
　　　him → the story の語順
　　（私は彼にその話を伝えました。）

❸ 2つの目的語を入れかえた文
SVOO の2つの目的語を，to または for を使って順序を入れかえられる。
(例)I told the story to him.
　　（私は彼にその話を伝えました。）
・to を使う動詞：give, teach, show, tell, send など
・for を使う動詞：make, buy, cook, get など

❹〈主語＋動詞＋目的語＋補語〉(SVOC)
目的語＝補語の関係になる。
SVOC の動詞の例：call, make, name
(例)He named the dog Mimi.
　　　the dog = Mimi の関係
　　（彼はその犬をミミと名づけました。）

補習問題

1 次の文の(　　　)の中に入れるのに最も適するものを，あとのア～エの中から一つ選び，その記号を答えなさい。
(神奈川県・改)

The new library near the station (　　　) great.

ア　looks　　イ　sees　　ウ　gives　　エ　takes

答え　[　　　　　　]

2 次は，A と B の対話です。(　　　)内の語を正しく並べかえて，文を完成させなさい。
(福島県)

〔At a teachers' room〕
A: What is your plan for the farewell party for Alex?
B: First, we'll sing a song for him.　After that, we'll (some / to / give / him / presents).

答え　After that, we'll [　　　　　　　　　　　　　　　　　　　].

19 関係代名詞

解答：別冊 p.8

目標時間 **10** 分

「人」や「物」などについて「どんな人[物]かというと」と後ろから説明を加えるとき，関係代名詞を使うぞ。who, which, that の使い分けに注意！

★次の問題に答えなさい。

STEP 1

日本文に合うように，（　　　）に適する英語をア〜エから選ぼう。

「私にはカナダに住むおじがいます。」

I have an uncle (　　　　) lives in Canada.
ア what　イ which　ウ where　エ who

答え [　　　　　]

STEP 2

日本文に合うように，（　　　）に適する英語をア〜エから選ぼう。

「私たちは駅へ行くバスに乗らなければなりません。」

We have to take a bus that (　　　　) to the station.
ア go　イ goes　ウ going　エ went

答え [　　　　　]

STEP 3

日本文に合うように，[　　]に適する語を書こう。

「これが彼女を有名にした映画です。」

This is the movie [　　　　　　　] made her famous.

STEP 4

日本文に合うように，（　　　）の中のア〜ウを並べかえよう。

「あなたが昨日会った女の子は私の妹です。」

The girl (ア you　イ met　ウ that) yesterday is my sister.

答え [　　　→　　　→　　　]

STEP 5

日本文に合うように，[　　]に適する語を書こう。

「あなたが京都で撮った写真が見たいです。」

I want to see the pictures [　　　　][　　　　　] took in Kyoto.

GOAL 6

次の対話文の [　　　　] 内の語句を並べかえて，意味の通る英文を完成させなさい。ただし，[　　　] 内の語句を全部使うこと。 (高知県)

Miki: Why don't we wear the same T-shirts at the school festival?
Jane: That's a good idea!　I [that / sells / know / cool / a shop] T-shirts near my house.
Miki: OK.　Let's go there.

答え　I [　　　　　　　　　　　　　] T-shirts
near my house.

HINT ヒント

STEP 1
空所の直前の語に注目。「人」を表す語だよ。

STEP 2
空所に入る動詞は，関係代名詞 that の前の a bus に合わせて使うよ。日本文は「行く」だから現在だね。

STEP 3
空所の直前の語に注目。「物」を表す語だよ。

STEP 4
The girl のあとに関係代名詞を置いて，そのあとに説明を続けるよ。

STEP 5
the pictures のあとに関係代名詞を置いて，そのあとに説明を続けるよ。

GOAL 6
「私はかっこいい T シャツを売っている店を知っています」という意味の文になるよ。まず，「私は店を知っています」を組み立てよう。

わからないときは裏面へ

ココをおさえる！

STEP 1

主格の関係代名詞は
「人」には who，「物」には which/that

この英文では空所に関係代名詞が入り，〈関係代名詞＋動詞 ～〉が前の an uncle を後ろから修飾する。関係代名詞が直後の動詞の主語の働きをするので「主格の関係代名詞」という。前の名詞(先行詞)が「人」なら who を，「物・ことがら」なら which / that を使う。

STEP 2

関係代名詞のすぐあとの動詞の形は
直前の名詞と時に注意

この英文では，a bus を〈関係代名詞 that ＋動詞 ～〉が後ろから修飾する。このとき，動詞の形は関係代名詞の直前の名詞と，関係代名詞のあとの時に合わせる。a bus は 3 人称単数で，時は現在。

STEP 4

目的格の関係代名詞は
〈関係代名詞＋主語＋動詞 ～〉の語順

この英文では The girl を，「あなたが昨日会った」を表す〈関係代名詞＋主語＋動詞 ～〉が後ろから修飾する。関係代名詞があとの〈主語＋動詞〉の目的語の働きをするので「目的格の関係代名詞」という。前の名詞(先行詞)が「人」なら that を，「物・ことがら」なら which / that を使う。

GOAL 6 入試レベル

まず文の骨組みを組み立ててから，
先行詞と関係代名詞，そのあとの語句を見きわめる

I のあとには動詞がくるので，まず know がくる。know のあとには目的語がくるが，〔 〕内では a shop が適切。残ったのは that，sells，cool で，that は関係代名詞だと考えられ，a shop を先行詞として修飾する形になると推測できる。

ポイント
関係代名詞

❶関係代名詞の種類と使い分け

先行詞	主 格	目的格
人	who(, that)	that(, who)
物	which, that	which, that

※「先行詞」とは，関係代名詞のすぐ前にくる名詞。つまり，関係代名詞で始まるまとまりに修飾される名詞のこと。

❷主格の関係代名詞

〈関係代名詞＋動詞 ～〉のまとまりが前の名詞(先行詞)を修飾。動詞の形は，先行詞の数と，関係代名詞のあとの時(現在か過去かなど)で決まる。

(例) Ken is a boy <u>who runs fast.</u>
　　　　名詞　〈関係代名詞＋動詞 ～〉

（ケンは速く走る男の子です。）

❸目的格の関係代名詞

〈関係代名詞＋主語＋動詞 ～〉のまとまりが前の名詞(先行詞)を修飾。

(例) The cake <u>which I ate</u> was good.
　　　　名詞　〈関係代名詞＋主語＋動詞 ～〉

（私が食べたケーキはおいしかった。）

補習問題

1 次の文の(　　　)の中に入れるのに最も適するものを，あとのア～エの中から一つ選び，その記号を答えなさい。 (神奈川県・改)

This is a school which (　　　) in 1980.

ア is building　　イ built　　ウ was built　　エ were building

答え 〔　　　　　〕

2 「私たちがその場所を訪れることでだけ感じることができるたくさんのことがあります。」という内容になるように，次の〔　　　〕内の語を並べかえて，英文を完成させなさい。 (大阪府)

There are many 〔 that　can　we　things　feel 〕 only by visiting the place.

答え　There are many 〔　　　　　　　　　　　　　　　　　〕 only ....

20 名詞を後ろから修飾する語句

目標時間 10分

〈〜ing＋語句〉や〈過去分詞＋語句〉や〈主語＋動詞〜〉は，名詞を後ろから修飾することができる。〜ingと過去分詞の使い分けがねらわれるぞ。

解答：別冊 p.8

★次の問題に答えなさい。

HINT ！ ヒント

STEP 1

日本文に合うように，（　　　　）に適する英語をア〜エから選ぼう。

「マキと話している女の子を知っていますか。」

Do you know the girl (　　　　) with Maki?

ア　talk　　イ　talks　　ウ　talking　　エ　to talk

答え［　　　　　　　　　］

STEP 1
「女の子が話している」というときは現在進行形で表すね。進行形のときの動詞の形は…？

STEP 2

日本文に合うように，（　　　　）に適する英語をア〜エから選ぼう。

「これはパリで撮られた写真です。」

This is a picture (　　　　) in Paris.

ア　takes　　イ　taking　　ウ　took　　エ　taken

答え［　　　　　　　　　］

STEP 2
「撮られた」は受け身の意味だね。受け身のときの動詞の形は…？

STEP 3

（　　　）内の語を，英文中の［　　　］に適する形に変えて書こう。

I have some books ［　　　　　　　　　　　　　］in English. （ write ）

STEP 3
「英語で書かれた本」という意味になるように動詞の形を変えるよ。

STEP 4

日本文に合うように，（　　　　）の中のア〜ウを並べかえよう。

「これは私が先週買ったかばんです。」

This is (ア　bought　　イ　a bag　　ウ　I) last week.

答え［　　　　→　　　　→　　　　］

STEP 4
「かばん」のあとに「私が買った」という説明を続けるよ。

STEP 5

日本文に合うように，［　　　］に適する語を書こう。

「彼女が去年訪れた都市はシドニーです。」

The city ［　　　　　　　］［　　　　　　　　　　］last year is Sydney.

STEP 5
The city のあとに「彼女が訪れた」という説明を続けるよ。

GOAL 6

次の会話について，［　　　　　］内の語を正しく並べかえて，英文を完成させなさい。

（岐阜県）

Yuri : Mary, what are you doing here?
Mary: I'm ［ at / boy / looking / playing / the ］ soccer over there.　He is so cool.
Yuri : Oh, that's Kenta.　He plays soccer very well.

答え　I'm ［　　　　　　　　　　　　　　　　　］
soccer over there.

GOAL 6
「私はあそこでサッカーをしている男の子を見ています」という意味の文になるよ。まず，「私は〜を見ています」を組み立てよう。

わからないときは裏面へ

STEP 1
「〜している」は〜ing，
「〜された／〜されている」は過去分詞で表す

STEP 2
「〜している○○」というとき，英語では名詞のあとに〈〜ing＋語句〉を置いて，名詞を後ろから修飾する。「〜された○○」や「〜されている○○」というときは，名詞のあとに〈過去分詞＋語句〉を置く。

STEP 3
名詞と動詞の関係に注意

この問題では，some books（何冊かの本）と write（書く）の関係を考える。本は「書いている」ものではなく，「書かれる」もの。空所のあとの in English と合わせて「英語で書かれた何冊かの本」となる。

STEP 4
〈主語＋動詞 〜〉が後ろから名詞を修飾する形

「私が先週買ったかばん」は，「かばん」のあとに「私が先週買った」を表す〈主語＋動詞 〜〉を置いて，「かばん」を後ろから修飾する形で表す。

STEP 5
「彼女が去年訪れた都市」も，「都市（The city）」のあとに「彼女が去年訪れた」を表す〈主語＋動詞 〜〉を置いて表す。

GOAL 6
入試レベル

まず文の骨組みを組み立ててから，修飾される名詞と，修飾する語句を見きわめる

前の I'm のあとに続きそうなのは looking at か playing。playing だと，あとにくる語がないので，looking at を続ける。残ったのは boy，playing，the で，looking at（〜を見ている）に続ける語句として，「（サッカーを）している男の子」という表現になりそうだと推測できる。

POINT ポイント
名詞を後ろから修飾する語句

❶ 〈〜ing ＋語句〉

「〜している○○」というときは，〈〜ing＋語句〉が後ろから名詞を修飾する形で表す。

（例）The boy painting a picture is Jim.
名詞　　〈〜ing ＋語句〉

（絵を描いている男の子はジムです。）

❷ 〈過去分詞 ＋語句〉

「〜された○○」「〜されている○○」というときは，〈過去分詞＋語句〉が後ろから名詞を修飾する形で表す。

（例）This is a car made in Japan.
名詞　〈過去分詞＋語句〉

（これは日本でつくられた車です。）

❸ 〈主語 ＋動詞 〜〉

〈主語＋動詞 〜〉を名詞のすぐあとに続けて，名詞を後ろから修飾することができる。

（例）I like the story you wrote.
名詞　　〈主語＋動詞〉

（私はあなたが書いた物語が好きです。）

補習問題

1 次の対話文の □ に入る最も適当な英語を，下のア〜エのうちから一つ選び，その記号を書きなさい。

（岩手県）

A: Do you have any pets?
B: Yes.　I have a cat.　How about you?
A: Well, I have a dog □ *Pochi*.　What's the name of your cat?
B: It's *Tama*.　She's very cute.

ア　said　イ　spoken　ウ　called　エ　talked

答え　［　　　　　］

2 「人々は，自分たちが好きなどんな飲み物でも楽しむことができます。」という内容になるように，次の〔　　　〕内の語を並べかえて英文を完成させなさい。

（大阪府）

People can 〔 like　enjoy　any　they　drink 〕.

答え　People can 〔　　　　　　　　　　　　　　　　〕.

21 間接疑問文

目標時間 10分

疑問詞で始まる疑問文が別の文の中に入った形を間接疑問文という。このとき，疑問詞のあとの語順に注意！

解答：別冊 p.8

★次の問題に答えなさい。

HINT ヒント

STEP 1

日本文に合うように，（　　　）に適する英語をア～ウから選ぼう。

「あなたは彼がどこにいるか知っていますか。」

Do you know where (　　　　)?
ア　he　　イ　he is　　ウ　is he

答え [　　　　　]

STEP 1

where 以下が「彼がどこにいるか」を表して，know の目的語になる。このとき，where のあとはふつうの文の語順になるよ。

STEP 2

日本文に合うように，（　　　）に適する英語をア～ウから選ぼう。

「エマが何を好きか私に教えてください。」

Please tell me what (　　　　).
ア　does Emma like　　イ　Emma like　　ウ　Emma likes

答え [　　　　　]

STEP 2

what のあとはふつうの文の語順になるよ。Emma は3人称単数だね。

STEP 3

日本文に合うように，（　　　）の中のア～ウを並べかえよう。

「私はデイビッド(David)がいつ日本に来たのか知りません。」

I don't know (ア　David　　イ　came　　ウ　when) to Japan.

答え [　　　→　　　→　　　]

STEP 3

when のあとはふつうの文の語順。

STEP 4

日本文に合うように，（　　　）の中のア～ウを並べかえよう。

「あなたが何の料理をつくることができるかについて書いてください。」

Please write about what food (ア　cook　　イ　can　　ウ　you).

答え [　　　→　　　→　　　]

STEP 4

what food のあとはふつうの文の語順。

GOAL 5 入試レベル

次の対話文を完成させなさい。（　　　　）の中のア～オを正しい語順に並べかえ，その順序を符号で示しなさい。

（千葉県）

A: Do (ア　are　　イ　who　　ウ　they　　エ　you　　オ　know)?
B: They are popular dancers.

答え [　　　→　　　→　　　→　　　→　　　]

GOAL 5

「あなたは彼らがだれなのか知っていますか」という意味の文になるよ。まず，「あなたは知っていますか」を組み立てよう。

わからないときは裏面へ

49

STEP 1 間接疑問文では疑問詞のあとはふつうの文の語順

Where 〜? という疑問文が，Do you know 〜? という別の文の中に入った形。このとき，where のあとはふつうの文の語順になる。

STEP 2 間接疑問文では疑問詞のあとの動詞の形に注意

What 〜? という疑問文が，Please tell me 〜. という別の文の中に入った形。what のあとはふつうの文の語順になる。動詞の形は，ふつうの文と同じように主語や時によって -s / -es がついた形や，過去形になる場合があるので注意。

STEP 4 助動詞がある場合はふつうの助動詞の文の語順

What food 〜? という疑問文が，Please write about 〜. という別の文の中に入った形。what food のあとはふつうの文の語順になるが，ここでは助動詞 can があるので〈主語＋助動詞＋動詞〉となる。この what food のような〈疑問詞＋語〉の場合も，疑問詞1語の場合と考え方は同じ。

GOAL 5 まずは文の骨組みを組み立てる

Do 〜? の疑問文なので，与えられた語からまずは Do you know と組み立てる。残ったのは are, who, they で，know の目的語になると考えられるので，目的語としてふさわしい形になるように並べる。

 ポイント
間接疑問文

疑問詞で始まる疑問文が別の文の中に入ると，疑問詞のあとがふつうの文の語順になる。

・**be 動詞**
（例）
  What is this?
  ↓
I don't know what this is.
〈疑問詞＋主語＋動詞〉
（私はこれが何か知りません。）

・**一般動詞**
（例）
  Where does he live?
  ↓
I don't know where he lives.
〈疑問詞＋主語＋動詞〉
（私は彼がどこに住んでいるか知りません。）

・**助動詞**
（例）
  When will she come?
  ↓
I don't know when she will come.
〈疑問詞＋主語＋助動詞＋動詞〉
（私は彼女がいつ来るか知りません。）

補習問題

1 次の会話について，[　　　]内の語を正しく並べかえて，英文を完成させなさい。　　（岐阜県）

Tracy : Look at the shrine in this book.　It looks great!
Hiroshi: This is a very famous shrine in Japan.
Tracy : Do you [built / it / know / was / when]?
Hiroshi: About six hundred years ago.

答え　Do you [　　　　　　　　　　　　　　　　　　　　　　　　]?

2 次の対話が成り立つように，（　　　　）の中の単語や語句を並べかえて英文を完成させなさい。また，文のはじめは大文字で書きなさい。　　（富山県）

A: That's a beautiful picture!
B: Thank you.　It was taken by my brother who lives in India.
A: (do / is / know / this place / you / where)?
B: I don't know.　I'll ask him later.

答え　[　　　　　　　　　　　　　　　　　　　　　　　　]?

22 その他の文法・表現①

目標時間 **10**分

命令文，感嘆文，付加疑問文と，誘ったり提案したりする表現をおさえておこう。

解答：別冊 p.9

★次の問題に答えなさい。

STEP 1

日本文に合うように，（　　　）に適する英語をア〜エから選ぼう。

「おしゃべりをやめて私の言うことを聞きなさい。」

（　　　　　） talking and listen to me.
ア　Stop　　イ　Don't stop　　ウ　Let's stop　　エ　Please

答え　〔　　　　　　〕

STEP 2

（　　　）に適する英語をア〜エから選ぼう。

A: Hi, Ken.　Emi and I are going to have lunch at the cafeteria.
　　（　　　　） don't you come with us?
B: I'm sorry, but I have to go to the teachers' room now.　Maybe next time.
ア　What　　イ　How　　ウ　Why　　エ　When

答え　〔　　　　　　〕

STEP 3

日本文に合うように，〔　　〕に適する語を書こう。

「あれを見て。なんてかわいい犬なんでしょう。」

Look at that!　〔　　　　　　　〕〔　　　　　　　　　〕cute dog!

STEP 4

日本文に合うように，〔　　〕に適する語を書こう。

A :〔　　　　　　　　〕〔　　　　　　　　　〕go to the movies?
　（映画に行きましょうか。）
B : Yes, let's.
　（はい，そうしましょう。）

STEP 5

日本文に合うように，〔　　〕に適する語を書こう。

「この列車は京都に止まりますよね。」

This train stops at Kyoto,〔　　　　　　　〕〔　　　　　　　〕?

GOAL 6
入試レベル

次の〔　　　　〕内の英語を正しく並べかえて，対話文を完成させなさい。

(岩手県)

A : We'll have a birthday party for my sister.
B : When?
A : Next Saturday.　Why don't 〔 join / us / you 〕?
B : Of course.

答え　Why don't〔　　　　　　　　　　　〕?

わからないときは裏面へ

HINT ヒント

STEP 1
命令文。日本文をきちんと読み取る。

STEP 2
相手を誘ったり，相手に提案したりする表現。親しい仲の相手に使う。

STEP 3
「なんて〜でしょう」は感嘆文で表す。

STEP 4
クエスチョンマーク（？）で終わっているので，疑問文の形。

STEP 5
付加疑問文に。文の主語がthis train で，動詞が stopsだから…。

GOAL 6
相手を誘ったり，相手に提案したりする表現。親しい仲の相手に使う。

ココをおさえる！

STEP 1 命令文では動詞の原形を使う

「〜しなさい」は〈動詞の原形 〜.〉の形,「〜してはいけない」は〈Don't ＋動詞の原形 〜.〉,「〜しよう」は〈Let's ＋動詞の原形 〜.〉の形で表す。

STEP 2 提案する表現

don't you を含む,提案する表現を答える。
A「こんにちは,ケン。エミと私はカフェテリアで昼食を食べるつもりなの。私たちといっしょに来ない？」
B「ごめん,今,職員室に行かなければならないんだ。また今度。」

STEP 3 感嘆文は How か What で文を始める

「なんて〜でしょう」は感嘆文で表す。How で始めるか,What で始めるかは名詞があとに続くかどうかで決まる。

STEP 4 誘う表現

疑問文の形で,動詞 go の前に空所が 2 つあることから〈Shall we ＋動詞の原形 〜?〉の形にする。

STEP 5 相手に確認したり同意を求めたりする付加疑問文

この問題では,日本文の意味が相手に確認する内容であることや,文がクエスチョンマーク（？）で終わっていて,2 つある空所の前にコンマ(,)があることから,付加疑問文だと判断する。
ここでは主語の this train を it で受けて,動詞が stops で 3 人称単数現在形なので doesn't を使って答える。

GOAL 6 提案する表現に

A「私たちは妹[姉]の誕生日パーティーを開くの。」
B「いつ？」
A「次の土曜日。あなたも参加しない？」
B「もちろん。」

 ポイント 誘う・提案する表現

・〈Let's ＋動詞の原形 〜.〉「〜しよう」
（例）Let's play tennis.（テニスをしよう。）
・〈Shall we ＋動詞の原形 〜?〉
「（いっしょに）〜しましょうか」
（例）Shall we go there?（そこに行きましょうか。）
・〈How about ＋動詞の ing 形 〜?〉
「〜するのはどうですか」
（例）How about taking a bus?（バスに乗りませんか。）
・〈Why don't you ＋動詞の原形 〜?〉
「〜したらどうですか」「〜しない？」
（例）Why don't you come?（来たらどうですか。）

 ポイント 感嘆文

【意味】「なんて〜でしょう」と感嘆を表す。
【形】How か What で文を始める。
・〈How ＋形容詞[副詞]！〉
（例）How hot!（なんて暑いんでしょう。）
・〈What(a)＋形容詞＋名詞！〉
（例）What a big fish!（なんて大きな魚なんだ。）
※あとに〈主語＋動詞 〜〉を続けることもある。
（例）How fast he runs!（彼はなんて速く走るのだろう。）

 ポイント 付加疑問文

【意味】「〜ですね」「〜しますね」と確認したり,同意を求めたりする。
【形】前がふつうの文 →〈否定の短縮形＋代名詞?〉
・be 動詞の文
（例）Ken is cool, isn't he?（ケンはかっこいいいよね。）
・一般動詞の文
（例）You went to the station, didn't you?
（あなたは駅に行きましたよね。）

補習問題

1 次の英文が,日本語と同じ意味になるように,□に入る最も適当な英語 1 語を語群から選んで書きなさい。（北海道）

_____ we go shopping tomorrow?
明日,買い物に行きましょうか。

語群　Did　Are　Let's　Shall

答え [　　　　　]

23 その他の文法・表現②

目標時間 **10**分

いろいろな代名詞，someやanyなどの使い方，前置詞の使い分けをおさえておこう。

解答：別冊 p.9

★次の問題に答えなさい。

HINT ！ ヒント

STEP 1

日本文に合うように，（　　　）に適する英語をア～エから選ぼう。

「あの傘はあなたのですか。」

Is that umbrella (　　　　　)?

ア you　イ your　ウ yours　エ yourself

答え ［　　　　　　　　　］

STEP 1

日本語の「あなたの」には，あとに名詞が続いて「あなたの～」という意味のときと，単独で「あなたのもの」という意味のときがある。

STEP 2

次の対話文の（　　　）に適する英語を，ア～エから選ぼう。

A: I lost my umbrella.　I have to buy (　　　　　).
B: That's too bad.

ア it　イ one　ウ mine　エ my

答え ［　　　　　　　　　］

STEP 2

傘をなくしたから，傘を買わなければならないと言っている。

STEP 3

日本文に合うように，［　　］に適する語を書こう。

「図書室には生徒は1人もいませんでした。」

There weren't ［　　　　　　　　］［　　　　　　　　　　］ in the library.

STEP 3

some か any を使って答える。

STEP 4

日本文に合うように，［　　］に適する語を書こう。

A: ［　　　　　　　　］［　　　　　　　　　　］ hot in Sydney now?
　（今シドニーは暑いですか。）

B: Yes, ［　　　　　　　　　　］ is.
　（はい，暑いです。）

STEP 4

「暑い」や「寒い」というときの主語は？

STEP 5

日本文に合うように，［　　］に適する語を書こう。

「このレストランは土曜日は午後6時に開店します。」

［　　　　　　　　］ Saturdays, this restaurant opens ［　　　　　　　　］ 6 p.m.

STEP 5

前置詞を入れる。「曜日」の前に置く前置詞と，「時刻」の前に置く前置詞は何かな？

GOAL 6

次の対話文の□□□□に入る最も適当な英語を，下のア～エのうちから一つ選び，その記号を書きなさい。　（岩手県）

A: These bananas and oranges look very good.
B: Yes.　Which do you want to eat for breakfast tomorrow?
A: Let's buy both of □□□□□□.　I love all fruits.

ア them　イ it　ウ you　エ us

答え ［　　　　　　　　　］

GOAL 6

both of ～は「～の両方」という意味。

わからないときは裏面へ

STEP 1 「～のもの」を表す代名詞

この日本文の「あなたの」は「あなたのもの」のこと。

ポイント
「～のもの」

❶所有代名詞
・mine（私のもの）　・yours（あなた（たち）のもの）
・his（彼のもの）　・hers（彼女のもの）
・ours（私たちのもの）　・theirs（彼らのもの）
❷〈～'s〉
・Tom's（トムのもの）　・my mother's（母のもの）
❸「私の友達の1人」
・a friend of mine（私の友達の1人）
　※所有代名詞を使ってこのように表すことがある。

STEP 2 it と one の使い分け

it は前に出た名詞をさして〈the＋名詞〉のはたらきをして，「それ[そのもの]」のように特定のものを表す。
one は前に出た名詞と同じ種類のものをさして〈a［an］＋名詞〉のはたらきをして，「どれでもよい1つのもの」のように不特定のものを表す。
この問題で it を選ぶと，自分がなくしたその傘（そのもの）を買わなければならないとなり，不自然になる。

STEP 3 some, any, no の使い方

some はふつうの文で「いくつか（の）／いくらか（の）」という意味。
any は否定文で「1つも（ない）／全く（ない）」，疑問文で「1つでも／少しでも」という意味。
no は「1つもない／全くない」という意味。
some はものをすすめるときなど，相手に Yes の答えを期待する疑問文でも使われる。
（例）Would you like some tea? （お茶はいかがですか。）

STEP 4 時・天気・寒暖・距離などを表す文の主語になる it

この問題では「暑い」ということをたずねたり答えたりしているので，主語に it を用いる。

ポイント
時・天気・寒暖・距離などを表す文の主語の it

【時刻】What time is it? — It's ten.
　　　　（何時ですか。—10時です。）
【日付】It's May 1 today. （今日は5月1日です。）
【天気】It was rainy yesterday. （昨日は雨でした。）
【時間】How long does it take?
　　　　（どのくらい時間がかかりますか。）
【距離】How far is it from here to the station?
　　　　（ここから駅までどのくらい離れていますか。）

STEP 5 時を表す前置詞

〈時刻〉には at，〈日にち・曜日〉には on，〈年〉には in を使う。

GOAL 6 代名詞 all, both, each

all は「すべて」，both は「両方」，each は「それぞれ」という意味。
A「このバナナとオレンジはとてもおいしそうですね。」
B「そうですね。明日，朝食でどちらを食べたいですか。」
A「それらの両方とも買いましょう。私はすべてのフルーツが大好きです。」

補習問題

1 次の会話の(　　　)に入る最も適切な英語を，1語書きなさい。ただし，(　　　)内に示されている文字で
書き始め，その文字も含めて答えること。　　　　　　　　　　　　　　　　　　　　　　　（岐阜県）

Shin : Hello, Martha.　Are you free next Saturday?
Martha : Yes.　I have (n　　　) to do on that day.　What's up?
Shin : I have two concert tickets.　Would you like to come with me?
Martha : Of course!

答え　[　　　　　　　　　]

24 イラストに合う英文をつくる

目標時間 15分

英作文問題では，イラストを使った問題がよく問われるぞ。イラストの人物の立場になって答えよう。

解答：別冊 p.9

HINT ヒント

★次の①〜④は，ミホ(Miho)が，アメリカを訪れたときの出来事を描いたイラストです。③の場面で，ミホは何と言ったと思いますか。①〜④の話の流れを踏まえ，□□に入る言葉を英語で書きなさい。ただし，語の数は **25 語程度**（．，？！などの符号は語数に含まない。）とすること。 （千葉県）

STEP 1 下の 4 枚のイラストを見よう。

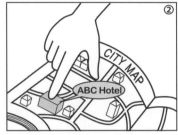

STEP 2
イラストの人物の表情や，持っているもの，していることなどに注目する。

STEP 3
英文は命令文だが，表情などから命令しているわけではない。

GOAL 4
指定された語数のプラス・マイナス 5 語くらいの語数になるように答えよう。2 文以上になってもいいよ。

STEP 2 イラストに登場するミホさんは，①②ではどういう状況で，どうしたいと思っているか，日本語で説明しよう。

[ ]

STEP 3 イラスト④で，髪を結んだ女の子は何と言っているか，日本語に訳そう。

[ ]

GOAL 4 イラスト③の□□に入る言葉を英語で書こう。ただし，語の数は **25 語程度**（．，？！などの符号は語数に含まない。）とすること。

[ ]

わからないときは裏面へ

STEP 2 イラストの場面や状況をつかむ

ミホさんがスーツケースとボストンバッグを持っていて，CITY MAP(市街の地図)の ABC Hotel(ABC ホテル)を指さしていることから，どういう状況なのかを考える。

ポイント
イラストに合う英文をつくる問題

・まずイラストの場面や状況をつかむ。イラストの中にヒントがあるので，すみずみまでよく見よう。

・場面や状況にふさわしい英文を考える。直前や直後とのつながりに注意。

GOAL 4 前後とのつながりをとらえて，条件に合う英文を考える
入試レベル

全体の流れをつかんだあと，答える箇所の直前と直後の英文に注目する。また，答えの語数の条件は，どのくらいの情報量を答えたらいいのかのヒントになる。
この問題の場合は「25 語程度」なので，3 文前後で答えなければ条件に満たない。

補習問題

1 友子(Tomoko)さんは，留学生のウェンディ(Wendy)さんと話をしています。それぞれの場面に合う対話になるように(　　　)内に **3 語以上**の英語を書きなさい。なお，対話は①から⑪の順に行われています。(富山県)

1. ① Hi, Tomoko. I'm glad to see you here. Can you help me? I want a book about *Mozart.
② Of course. I know where it is. Let's go.
③ Thank you.

*Mozart　モーツァルト

2. ④ Wow, there are so many books about Mozart. (　　　　　　)?
⑤ How about this one? It also has a *bonus CD.
⑥ Sounds interesting! I'll buy this one.

*bonus CD　特典CD

3. **The next day**
⑦ Hi, Wendy. Did you enjoy the book you bought yesterday?
⑧ Yes, I did. (　　　　　　).

4. ⑨ Do you listen to Mozart?
⑩ Yes, and I often go to *classical concerts.
⑪ That's great. (　　　　　　).

*classical concert　クラシックのコンサート

④に入る英語 [　　　　　　　　　　　　　　　　　　　　　　　　　]?

⑧に入る英語 [　　　　　　　　　　　　　　　　　　　　　　　　　].

⑪に入る英語 [　　　　　　　　　　　　　　　　　　　　　　　　　].

25 対話の流れに合う英文をつくる

目標時間 15分

対話中の空所に当てはまる英文をつくる問題では，まず，前後のつながりをつかもう。

解答：別冊 p.10

★あなたは，カナダから来た ALT（外国語指導助手）のグリーン先生（Mr. Green）にインタビューをすることになり，質問内容についてメモを作成しました。メモをもとに実際にインタビューをしたときの対話を完成させなさい。対話の ① ， ② には，それぞれメモに即して，適切な英語を書きなさい。

（岐阜県・改）

ヒント

STEP 1 下のメモと対話を読もう。

〈メモ〉
・グリーン先生の出身地　　　　・日本に来た理由
・日本での滞在予定期間

〈実際にインタビューをしたときの対話〉

You :　　　Nice to meet you, Mr. Green.　I would like to ask some questions about you.

Mr. Green : Nice to meet you, too.　Please ask me anything.

You :　　　First, where are you from?

Mr. Green : I'm from Canada.

You :　　　Oh, you are from Canada.　Then, ① ?

Mr. Green : Well, because I'm interested in Japanese culture.

You :　　　I'm glad to hear that.　And ② ?

Mr. Green : For three years.

STEP 2
(A) ① の質問に対して，グリーン先生は何と答えているか，日本語で書こう。
(B) その応答とメモから， ① では何とたずねているか推測して，日本語で書こう。

(A) [　　　　　　　　　　　　　　　　　　]

(B) [　　　　　　　　　　　　　　　　　　]

STEP 3
(A) ② の質問に対して，グリーン先生は何と答えているか，日本語で書こう。
(B) その応答とメモから， ② では何とたずねているか推測して，日本語で書こう。

(A) [　　　　　　　　　　　　　　　　　　]

(B) [　　　　　　　　　　　　　　　　　　]

GOAL 4 入試レベル
① ・ ② にあてはまる英語を書こう。

① Then, [　　　　　　　　　　　　　　　]?

② And [　　　　　　　　　　　　　　　　]?

STEP 2
(A)because は「（なぜなら）〜だから」という意味で，理由を言うときに使うね。
(B)メモも手がかりにして考えよう。

STEP 3
(A)グリーン先生の応答の for は「〜の間」という意味で，期間を表すよ。
(B)メモも手がかりにして考えよう。

GOAL 4
①は理由，②は期間の長さをたずねる疑問文が入るよ。答えを書いたら，ミスがないか見直そう。

わからないときは裏面へ

STEP 2 空所の前後のつながりをとらえて，対話以外の情報にも注意する

対話中の空所に入る英文をつくる問題では，空所の前後とのつながりをとらえることが必須。特にここでは疑問文をつくるので，直後の応答の内容に注目して，どんな疑問文が適切かを考える。

STEP 3 また，〈メモ〉の内容も答えの重要な手がかりになる。このように対話以外の情報がある場合は，どの情報が対話のどの部分と対応しているかなどに注意しながら見るとよい。

GOAL 4 答えを書いたら見直す

答えの英文を書いたら必ず見直して，つづりのミスがないか，足りない語・不要な語がないか，動詞の形は正しいか，空所に適切に当てはまるかなどを確認する。ここでは文の途中なので小文字で始めること。

POINT **ポイント**
対話の流れに合う英文をつくる問題

・空所の前後のつながりをとらえる。疑問文をつくる場合は，特に直後の応答に注目する。
・対話以外の情報がある場合は，対話との対応に注意しながら情報を確認する。

補習問題

1 Akira は，留学生の Mike にマジックショー(magic show)についてのチラシ(leaflet)を見せています。2 人の対話を読んで，下の①・②の問いに答えなさい。　　　　（高知県）

マジックショー
有名マジシャン Mr. Magic が，ひかり町にやって来る！

＊開　催　日：2021 年 3 月 21 日(日)
＊開催時刻：午後 5 時
＊場　　　所：ひかりホール

ショーに参加したら，ペンがもらえるよ。

Akira : Hi, Mike.　Look at this leaflet.　It's about a magic show.
Mike : Oh, that sounds fun.
Akira : The magic show will be held in Hikari Hall next Sunday.　It will start at 5:00 p.m.
Mike : Hikari Hall?　[　　**A**　　]
Akira : It's next to the station.
Mike : I see.　Is there any other information?
Akira : [　　**B**　　]
Mike : Wow!　That's a nice present.　I want to join it.

① 対話の内容から考えて，　**A**　に当てはまる適切な**疑問詞を含んだ英文 1 文**を書きなさい。ただし，英文は**主語と動詞を含んだ文**にすること。

[　　　　　　　　　　　　　　　　　　　　　　　　　　　　　　　]

② 対話の内容から考えて，　**B**　に当てはまる適切な**英文 1 文**を書きなさい。ただし，英文は**主語と動詞を含んだ文**にすること。

[　　　　　　　　　　　　　　　　　　　　　　　　　　　　　　　]

26 日本文に合う英文をつくる

目標時間 15分

与えられた日本文や日本語での説明をもとに英文をつくる問題では，どんな文型や表現を使って表せるかを考えよう。

解答：別冊 p.11

★表現の確認をしてから，あとの問題に答えなさい。

STEP 1 下の表現を確認しよう。

〈疑問詞の疑問文〉
☐ あなたは何を〜しますか。 ▶ What do you 〜?
☐ 〜は何ですか。 ▶ What's 〜?

〈不定詞〉
☐ 〜するためにそこへ行った ▶ went there to 〜
☐ 〜するためのこと／〜すべきこと ▶ things to 〜
☐ 〜したい ▶ want to 〜 / would like to 〜

〈会話表現〉
☐ 〜してくれますか。 ▶ Can you 〜? / Will you 〜?/ Could you 〜? / Would you 〜?
☐ 〜してもいいですか。 ▶ Can I 〜? / May I 〜?
☐ 〜しませんか。 ▶ Why don't we 〜? / Shall we 〜?

〈関係代名詞〉
☐ 歴史が好きな生徒 ▶ a student who likes history
☐ 私が見た映画 ▶ the movie which I saw / the movie that I saw

〈その他〉
☐ 〜があります。 ▶ There is 〜. / There are 〜.
☐ いちばんおもしろい本 ▶ the most interesting book

[問題] あなた(You)は，留学生のジュディ(Judy)のペンギンについてのスピーチを聞いたあと，次のような会話をするとします。あとの条件1・2にしたがって，① ・ ② に入る内容を，それぞれ **5語程度** の英語で書きなさい。

（大阪府・改）

You : Hi, Judy.   Your speech was good.   I enjoyed it very much.
Judy : Thank you.
You : _____①_____
Judy : OK.   What is it?
You : _____②_____
Judy : They like very small fish.

〈条件1〉 ①に，1つ質問をしてもよいかたずねる文を書くこと。
〈条件2〉 ②に，彼らの好きな食べ物は何かたずねる文を書くこと。

STEP 2 ① ・ ② では何とたずねるのが適切か，日本語で書こう。

① [   ]

② [   ]

GOAL 3 入試レベル ① ・ ② に入る英文を書こう。

① [   ]

② [   ]

わからないときは裏面へ

ヒント

STEP 1
疑問詞の疑問文は，疑問詞で始めて，あとには疑問文が続くよ。関係代名詞のすぐあとに動詞がくるときは，前の名詞と時に合わせて動詞の形を決めるよ。

STEP 2
どちらもたずねる文だね。「〜ですか」という意味の文になりそうだよ。

GOAL 3
①は会話表現，②は疑問詞の疑問文だよ。答えを書いたら，ミスがないか見直そう。

STEP 1 基本的な文型・表現をおさえておく

日本文や日本語の説明に合う英文をつくる問題では，さまざまな文が出題される。基本的な文型や表現はおさえておこう。前のページで挙げたものの他に，下のようなものもおさえておきたい。

- □ もし～なら，…。 ▶ If ～, ….. / …. if ～.
- □ ～のとき…。　　 ▶ When ～, …. / …. when ～.
- □ ～なので…。　　 ▶ … because ～.
- □ （一にとって）～することは…だ。▶ It's … (for 一) to ～.

ポイント

日本文に合う英文をつくる問題

・基本的な文型や表現をおさえておく。

・どのような意味の英文をつくるか，まず日本語で考えてもよい。

・どのような文型や表現を使って表せばよいかを考える。

STEP 2 答える英文の意味を明確にする

与えられた日本文をそのまま英文にしづらい場合は，どのような意味の英文にすればよいか，まず日本語で考えるとよい。日本語では主語が省略されていることがあるので，主語をはっきりさせることが大切。

GOAL 3 答えを書いたら見直す

答えの英文を書いたら必ず見直して，つづりのミスがないか，足りない語・不要な語がないか，動詞の形は正しいか，語数などの条件に合っているかなどを確認する。

補習問題

1 次のような状況において，あとの①～③のとき，あなたならどのように英語で表しますか。それぞれ6語以上の英文を書きなさい。ただし，I'm などの短縮形は1語として数え，コンマ(,)，ピリオド(.)などは語数に入れません。

(三重県)

【状況】

> あなたは，オーストラリアから来た外国語指導助手(ALT) の Mr. Green と，学校の廊下で話をしているところです。

① 日本の文化に興味があるか尋ねるとき。
② 日本には訪れる場所がたくさんあると伝えるとき。
③ オーストラリアで撮った写真を見せてほしいと伝えるとき。

① [　　　　　　　　　　　　　　　　　　　　　　　　　　]

② [　　　　　　　　　　　　　　　　　　　　　　　　　　]

③ [　　　　　　　　　　　　　　　　　　　　　　　　　　]

27 外国の人に説明する英文をつくる

目標時間 15分

外国の人に説明する英文をつくる問題は，日本のことや自分の町・学校について説明する場合が多いよ。

解答：別冊 p.11

★表現の確認をしてから，あとの問題に答えなさい。

STEP 1

日本のものやことをすすめたり，紹介したりする表現を確認しよう。
日本語に合うように，[ ]に適する語を書こう。

① あなたは京都を訪れるべきです。
You [   ] visit Kyoto.

② 古いお寺をたくさん見ることができます。
You [   ] see lots of old temples.

③ 他の文化について知ることはよいです。
It's good [   ] learn about other cultures.

④ 天候が暖かいので，私のいちばん好きな季節は春です。
My [   ] season is spring [   ] we have warm weather.

⑤ 7月には七夕があります。
We [   ] the Star Festival in July.

[問題] あなたは，英語の授業で，ALT（外国語指導助手）にあなたが住んでいる町のお気に入りの場所を紹介することになりました。次の [　　] に，お気に入りの場所を 1 つ挙げ，理由や説明を含めて，30 語以上の英語で書きなさい。ただし，符号(, . ? ! など)は語数に含まないものとする。 （和歌山県）

> Hello. I'll talk about my favorite place, today.
>
> [   ]
>
> Thank you.

STEP 2

[　　] にどのようなことを書くか考えて，日本語でメモを書こう。

お気に入りの場所と，その理由・その他の説明

[

]

GOAL 3

[　　] に入る英文を書こう。

[

]

ヒント

STEP 1

③「～すること」を表すのは，～ing ともう 1 つ…？
④「～なので」を表すのは b で始まる語。⑤「～がある」は「～を持っている」を表す動詞が使えるよ。

STEP 2

「その他の説明」は，いつ・どのくらいの頻度でそこへ行くかや，その場所の特徴，どこにあるかなどが考えられるよ。

GOAL 3

30 語以上という条件に注意。答えを書いたら，ミスがないか見直そう。

わからないときは裏面へ

STEP 1　よく使われる表現をおさえておく

外国の人に説明する英文をつくる問題は，日本でどこへ行くべきか，何をするのがよいか助言をする，日本や自分の町・学校について説明するなどの場面設定が多い。このような場面でよく使われる表現はおさえておこう。

ポイント
外国の人に説明する
英文をつくる問題

・助言したり，日本や自分の町などについて説明したりするときに使われる表現をおさえておく。
・書き始める前に，どんなことを書くかを考える。

STEP 2　書く内容を考える

まとまった量の英文を書くときは，いきなり書き始めるのではなく，まずどんなことを書くかを考えるようにする。簡単にメモを書いてもよい。ただし，メモに時間をかけすぎないように注意。複雑な内容にする必要はなく，自分が英語で表現できることを考えるようにする。

GOAL 3　答えを書いたら見直す

答えの英文を書いたら必ず見直して，つづりのミスがないか，足りない語・不要な語がないか，動詞の形は正しいか，語数などの条件に合っているかなどを確認する。

補習問題

1 次は，Kenta と ALT の Smith 先生との授業中の対話の一部です。あなたが Kenta ならば，来日したばかりの Smith 先生に何を伝えますか。対話文を読んで，□□□ に Smith 先生に伝えることを書きなさい。ただし，下の【注意】にしたがって書くこと。

(山口県)

Ms. Smith : It's very hot in Japan now, but I know Japan has other seasons, too.　Can anyone tell me about the seasons in Japan?

Kenta :　　Yes.　I'll tell you about the next season.　It's autumn.　It's a good season for going out.

Ms. Smith : OK.　What can I enjoy when I go out in autumn?

Kenta :　[ ]

Ms. Smith : Thank you.　I'm looking forward to going out in autumn in Japan!

（注）autumn　秋　　　　go(ing) out　外出する　　　　look(ing) forward to ～　～を楽しみにする

【注意】
① 対話の流れに合うように，20 語以上 30 語以内の英語で書くこと。文の数はいくつでもよい。符号(, . ? ! など)は，語数に含めないものとする。
② 内容的なまとまりを意識して，具体的に書くこと。

28 自分自身のことを述べる英文をつくる

目標時間 **15**分

自分自身のことを述べる英文をつくる問題では，将来の夢や行きたい所・したいこと，また好きなことを問われやすいよ。

解答：別冊 p.12

★表現の確認をしてから，あとの問題に答えなさい。

STEP 1
自分の夢や好きなことを伝える表現を確認しよう。
日本語に合うように，[ ] に適する語を書こう。

① 子どもが好きなので，私は教師になりたいです。
I [ ] [ ] be a teacher [ ]
I like children.

② 私の夢はオーストラリアに行くことです。
My [ ] is [ ] go to Australia.

③ 私はおどることが好きです。
I like [ ]. / I like [ ] [ ].

④ 私はテニスがいちばん好きです。
I like tennis [ ] [ ].

⑤ 私はフランスに興味があります。
I'm [ ] [ ] France.

[問題] 3月のある日，ALT(外国人指導助手)のスミス先生(Ms. Smith)が，中学3年生の春希(Haruki)に次のようにたずねました。あなたが春希ならどのように答えますか。あなたの考えを理由とともに10語以上20語以内の英語で書きなさい。なお，英語は2文以上になってもかまいません。ただし，コンマ(,)やピリオド(.)などは語数に含めません。

（長崎県・改）

〈スミス先生の質問〉
What do you want to do during the spring vacation before you become a high school student?

STEP 2
①スミス先生はどんなことをたずねているか，日本語で書こう。
②スミス先生の質問にどんなことを答えるか考えて，日本語でメモを書こう。

① [ ]

② [ ]

GOAL 3
答えの英文を書こう。

[ ]

わからないときは裏面へ

ヒント

STEP 1
①「～なので」は文の後半で述べることが多い。b で始まる語を使うよ。④「いちばん～」を表す語句の前には，ふつう the を置くよ。

STEP 2
① during は「（ある期間）の間に」という意味だよ。
②考えと理由を答えるよ。

GOAL 3
10語以上20語以内という条件に注意。答えを書いたら，ミスがないか見直そう。

STEP 1 よく使われる表現をおさえておく

自分のことについて述べる英文をつくる問題では，将来の夢や行きたい所・したいこと，好きなことなどが問われやすい。また，その理由を問われる場合も多い。こうしたことを述べるときに使われる表現はおさえておこう。好きなことは，夢などの理由として述べることもできる。

ポイント
自分自身のことを述べる
英文をつくる問題

・夢やしたいこと，好きなことなどを述べるときに使われる表現をおさえておく。
・何が問われているかを確認する。
・書き始める前に，どんなことを書くかを考える。

STEP 2 何が問われているかを確認して，書く内容を考える

英語を読んで答える形が多いので，まずは何が問われているかを落ち着いて確認する。確認したら，いきなり書き始めるのではなく，まずどんなことを書くかを考える。簡単にメモを書いてもよい。複雑な内容にする必要はなく，自分が英語で表現できることを考えるようにする。

GOAL 3 答えを書いたら見直す

答えの英文を書いたら必ず見直して，つづりのミスや足りない語・不要な語がないか，動詞の形は正しいか，語数などの条件に合っているかなどを確認する。また，理由を述べる because 〜は文の後半に置く。Because 〜. のように理由のみで 1 文にしていないか確認する。

補習問題

1 次は，アメリカに住む，あなたの友人である Danny からのメールの一部です。下線部に対して，あなたの将来の夢について，〔条件〕にしたがい，Danny に伝わるように，□□□□ に 3 文以上の英文を書いて，メールを完成させなさい。

（埼玉県・改 2022）

〈Danny からのメールの一部〉

... If I traveled to the future, I could see what my life is like.   As for my future, I'd like to be a doctor. I hope my dream will come true.   How about you?   <u>What is your dream for the future?</u>
（注）as for 〜　〜について言えば

〈Danny へのメール〉

Hi, Danny.　How are you?　Thank you for your interesting e-mail.

See you!

〔条件〕 ① 1 文目は，あなたの将来の夢はどのようなものかを，My dream に続けて，書きなさい。
　　　　② 2 文目以降は，①について具体的に，2 文以上で書きなさい。

①

②

29　自分の意見を述べる英文をつくる

解答：別冊 p.12

目標時間 **15**分

自分の意見を述べる英文をつくる問題の対策として，よく使われる表現をおさえておこう。

★表現の確認をしてから，あとの問題に答えなさい。

STEP 1
自分の意見を述べる表現を確認しよう。
日本語に合うように，[　　]に適する語を書こう。

① 私はあなたが正しいと思います。
I [　　　　　　　　　　　　] (that) you are right.
② 私は賛成です。／私は反対です。
I [　　　　　　　　　　]. / I disagree.
③ あなたは早く寝るべきです。
You [　　　　　　　　　] go to bed early.
④ 他の文化について学ぶことは大切です。
[　　　　　　　　　　] important [　　　　　　　　　] learn about other cultures.
⑤ 冬のほうがいいです。
Winter is [　　　　　　　　　].
⑥ 私は春のほうが好きです。
I like spring [　　　　　　　　].

[問題]　次の質問について，あなたはどのように考えますか。あなたの考えを，理由を含めて **25 語以上**の英文で答えなさい。英文は 2 文以上になってもかまいません。ただし，短縮形(I'm や don't など)は 1 語と考え，符号(ピリオドなど)は語数に含めません。

（高知県・改）

〈質問〉
Should junior high school students do volunteer work?

STEP 2
① 〈質問〉がどんなことをたずねているか，日本語で書こう。
② 〈質問〉にどんなことを答えるか考えて，日本語でメモを書こう。

① [　　　　　　　　　　　　　　　　　　　　　　　]

② [　　　　　　　　　　　　　　　　　　　　　　　]

GOAL 3
答えの英文を書こう。

[　　　　　　　　　　　　　　　　　　　　　　　]

ヒント

STEP 1
② disagree(反対する，意見が合わない)は，代わりに don't agree を使ってもOK。④主語は It。⑤⑥は同じ語を使うよ。best(もっともよい，もっともよく)ではなくて…？

STEP 2
①主語は junior high school students，動詞は do だよ。②理由は 2 つ以上でもいいよ。

GOAL 3
25 語以上という条件に注意。答えを書いたら，ミスがないか見直そう。

わからないときは裏面へ

ココをおさえる！

> **POINT** **ポイント**
> 自分の意見を述べる
> 英文をつくる問題
>
> ・考えや，賛成か反対か，理由な
> どを述べるときに使われる表現
> をおさえておく。
> ・何が問われているかを確認する。
> ・書き始める前に，どんなことを
> 書くかを考える。

STEP 1 よく使われる表現をおさえておく

自分の意見を述べる英文をつくる問題については，意見を述べるときに使われる表現をおさえておこう。賛成かどうかを問われたり，どちらがよいかを問われたりすることもあるので，それに対する答え方も重要。また，理由を述べるように指示されることもある。次のような表現を使うことができる。

〈理由の述べ方〉
□ ～なので，私は反対です。▶ I disagree because ～.

□ 私は～だと思います。なぜなら…だからです。
　　▶ I think that ～. It is because ….
　　（※1文が長くなる場合，このように理由を別の文で述べるようにするとよい。Because ～. という形の1文は，Why ～? への応答以外では使わないほうがよいので注意。）

□ 理由は2つあります。1つ目に，～。2つ目に，…。
　　▶ I have two reasons. First, ～. Second, ….

STEP 2 何が問われているかを確認し，書く内容を考える

英語を読んで答える形が多いので，まずは何が問われているかを落ち着いて確認する。この問題の〈質問〉は should（～するべき）で始まっているので，「～するべきか」とたずねている。質問の英文が長い場合は，まず主語と動詞が何かを確認するとよい。

質問の内容を確認したら，いきなり書き始めるのではなく，まずどんなことを書くかを考える。簡単にメモを書いてもよい。複雑な内容にする必要はなく，自分が英語で表現できることを考えるようにする。

GOAL 3 答えを書いたら見直す

答えの英文を書いたら必ず見直して，つづりのミスがないか，足りない語・不要な語がないか，動詞の形は正しいか，語数などの条件に合っているかなどを確認する。

補習問題

1 次の場面と状況を踏まえ，下の①，②の問いに答えなさい。 （岩手県）

〔場面〕あなたは英語の授業で，友人のマーク(Mark)にメッセージを伝える方法について，次のワークシートに自分の考えとその理由を書いています。

〔状況〕アメリカに帰国した友人のマーク(Mark)が，ある試合に勝利しました。

> 【ワークシート】
> 英語の質問：Which do you like better, sending an e-mail or talking on the phone?
>
> | (a) |
> | --- |
>
> I have two reasons.
>
> | (b) |
> | --- |

① この〔状況〕で，あなたはどちらの方法を選びますか。ワークシートの英語の質問の答えとして，(a) に入る適切な英語を，6語以上で書きなさい。ただし，e-mail は1語として数えます。

② ①で選んだ理由となるように，(b) に入る適切な英語を，20語以上で書きなさい。ただし，文の数はいくつでもかまいません。

高校入試のリスニング・音声について

【高校入試のリスニング】

公立高校入試では，リスニング問題はすべての高校で出題されています。また，配点の比率も高いものとなっているため，しっかりと対策をしておく必要があります。

入試の重要項目の1つであるリスニング問題ですが，苦手としている人も多いのではないでしょうか。その原因としては「英語の音に慣れていない」ということがあげられます。本書では，出題傾向の高い問題をていねいに負担なくマスターできるようにしました。問題は解いて終わりではなく，音声を何度も繰り返し聞いてみてください。出題形式に慣れ，しっかりと聞き取れるようになるのがポイントです。

【音声について】

本書のリスニング問題の音声は，音声再生アプリ my-oto-mo を使用して再生できます。下記へアクセスしてアプリをスマートフォンやタブレットにダウンロードしてご利用ください。そして，本書のこのマーク ◀ **Track 01** に書いてあるトラック番号を再生してください。なお，本書のリスニング音声は Gakken 編集部が制作したものです。

 ## 音声アプリ（my-oto-mo）のダウンロードはこちらから

右の 2 次元バーコードか下の URL にスマートフォンやタブレットでアクセスしていただき，ダウンロードしてください。

https://gakken-ep.jp/extra/myotomo/

【ご注意ください】

※iPhone の方は Apple ID，Android の方は Google アカウントが必要です。
　対応 OS や対応機種については，各ストアでご確認ください。
※アプリの利用やストリーミング再生は無料ですが，通信料はお客様のご負担になります。
※パソコンからはご利用になれません。
※スマートフォンをお持ちでない方は上記 URL から音声ファイルを PC などにダウンロードすることも可能です。
※お客様のネット環境および携帯端末によりアプリ等を利用できない場合や，音声をダウンロード・再生できない場合，当社は責任を負いかねます。

30 正しいイラストを選ぶ

目標時間 10分

対話や英文と，その内容についての質問を聞き，質問の答えとして合うイラストを選ぶ問題では，イラストの違いに注目しよう。

◀ 解答：別冊 p.13 ▶

★対話や英文と，その内容についての質問を聞いて，答えとして最も適切なものをア〜エから選び，記号で答えなさい。

（No.1：埼玉県 2022　No.2：高知県）

ヒント

STEP 1
音声を聞く前に下のイラストを見ておこう。

No. 1

ア

イ

ウ

エ

STEP 2
イラストはさまざまな「食べ物・飲み物」の組み合わせだね。

GOAL 3
「何を」「いくつ」ということに注意して聞こう。イラストや余白にメモや○×などをかいても OK。

STEP 2
上の 4 つのイラストの内容から，どんな語句に注意して聞けばいいか予想しよう。

GOAL 3 入試レベル
音声を再生して問題に挑戦しよう。　　　🔊 **Track 01**

答え ［　　　　　　］

STEP 4
音声を聞く前に下の絵を見ておこう。

No. 2

ア

イ

ウ

エ

STEP 5
4 つのイラストの違いに注目しよう。「午前」「午後」や「行動」を表す語句がポイントになりそうだね。

GOAL 6
「だれ」「いつ」「人物の行動」などを，落ち着いて聞き取ろう。イラストや余白にメモや○×などをかいて，答えをしぼろう。

STEP 5
上の 4 つのイラストの内容から，どんな語句に注意して聞けばいいか予想しよう。

GOAL 6 入試レベル

音声を再生して問題に挑戦しよう。　　　🔊 **Track 02**

答え ［　　　　　　］

わからないときは裏面へ

STEP
2 イラストから聞き取るポイントを予想する

音声が始まる前に，各イラストの内容や違いをチェックしておく。この問題では，hamburger（ハンバーガー），hot dog（ホットドッグ），coffee（コーヒー）や「数」がポイントになると予想される。これらの語に注意しながら音声を聞こう。ものや建物などの位置関係を問われる問題もあるので，場所を表す前置詞にも注意しよう。

STEP
5 イラストから聞き取るポイントを予想する

音声が始まる前に，各イラストの内容や違いをチェックしておく。この問題では，「行動」を表す言葉がポイントになると予想される。pick vegetables（野菜をとる），fishing（釣り），swim（泳ぐ），cook（料理をする）などの表現に注意して聞こう。また，イラストに Betty（ベティ）とあるので，Betty のことを問われると考えられる。別の人物と間違えないように，「だれ」の行動かということにも注意しながら音声を聞こう。

ポイント
正しいイラストを選ぶ問題

・イラストを事前に見ておく。
・イラストの内容から，聞き取るポイントや質問を予想する。
・ポイントに注意しながら，落ち着いて音声を聞く。

補習問題

 1 対話とその内容についての質問を聞いて，答えとして最も適切なものをア～エから選び，記号で答えなさい。

（滋賀県）

Track 03

ア

イ

ウ

エ

答え［　　　　　　］

2 これから短い英文が読まれます。英文が読まれる前に，日本語で内容に関する質問をします。その質問に対する答えとして最も適切なものを，ア～エから選び，記号で答えなさい。

（岐阜県）

Track 04

ア

イ

ウ

エ

答え［　　　　　　］

31 正しい図や表を選ぶ

目標時間 **10**分　対話や英文が読まれ，その内容に合うグラフや表を選ぶ問題がよく出題されるぞ。

解答：別冊 p.14

★No. 1 と No. 2 の問題に答えなさい。　　　　　　　　　　（No.1：長崎県　No.2：大阪府）

No. 1　英文を聞いて，その内容と一致するものをア〜ウから選び，記号で答えなさい。

ヒント

STEP 1　音声を聞く前に下のグラフを見ておこう。

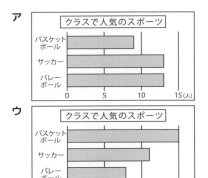

ア

クラスで人気のスポーツ

バスケットボール／サッカー／バレーボール　0 5 10 15(人)

イ

クラスで人気のスポーツ

バスケットボール／サッカー／バレーボール　0 5 10 15(人)

ウ

クラスで人気のスポーツ

バスケットボール／サッカー／バレーボール　0 5 10 15(人)

STEP 2

グラフはスポーツの人気度を「比較」しているね。どんな比較の表現が出そうかな？

GOAL 3

比較の表現（比較級・最上級など）に注意して聞こう。グラフや余白にメモや○×などをかいても OK。

STEP 2　上の 3 つのグラフから，どんな表現に注意して聞けばいいか予想しよう。

GOAL 3 入試レベル　音声を再生して問題に挑戦しよう。　　　🔊**Track 05**

答え　[　　　　　　]

No. 2　ピーターと恵美の対話を聞いて，恵美が紹介している動物病院の診療予定を表したものとして最も適切なものを，ア〜エから選び，記号で答えなさい。

STEP 4　音声を聞く前に下の表を見ておこう。

ア

午後	月	火	水	木	金	土	日
3時〜8時	○	○	○	○	○	○	

○は開院

イ

午後	月	火	水	木	金	土	日
4時〜8時	○	○	○	○	○	○	○

○は開院

ウ

午後	月	火	水	木	金	土	日
3時〜8時	○	○	○	○	○	／	／

○は開院

エ

午後	月	火	水	木	金	土	日
4時〜8時	○	○	○	○	○	／	／

○は開院

STEP 5

4 つの表で違っている点に注目しよう。時刻と，土曜日・日曜日がポイントになりそうだね。

GOAL 6

予想したポイントに注意して聞こう。表にメモや○×などをかいて，答えをしぼろう。

STEP 5　上の 4 つの表を比べ，違う点を確認して，何に注意して聞けばいいか予想しよう。

GOAL 6 入試レベル　音声を再生して問題に挑戦しよう。　　　🔊**Track 06**

答え　[　　　　　　]

わからないときは裏面へ

STEP 2 グラフの内容を表す比較表現を考える

音声が始まる前に，グラフの内容をチェックしておく。この問題では，人気のスポーツを表すグラフなので，more popular than ～（～より人気がある），the most popular（いちばん人気がある），as popular as ～（～と同じくらい人気がある），not as popular as ～（～ほど人気ではない）などの表現が出ると予想される。これらに注意しながら音声を聞こう。

STEP 5 表の内容の違いから聞き取るポイントを予想する

音声が始まる前に，それぞれの表を比べて違いをチェックしておく。この問題では，3 時からか 4 時からか，土日は開院しているかいないかがポイントになると予想される。three（3），four（4）や Saturday（土曜日），Sunday（日曜日），weekend（週末），open（開いている）などの語に注意しながら音声を聞こう。

ポイント
正しい図や表を選ぶ問題

・図や表を事前に見ておく。
・特にグラフは，その内容を表す比較表現を考える。
・図や表は，数字など違っている点に注目して，聞き取るポイントを予想する。

補習問題

1 健太（Kenta）とメアリー（Mary）の対話とその内容についての質問を聞いて，答えとして最も適切なものをア～エから選び，記号で答えなさい。

（静岡県）

▶**Track 07**

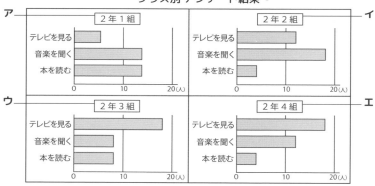

「家でする，いちばん好きなことは何か？」
～クラス別 アンケート結果～

答え ［　　　　　　　］

2 これから短い英文が読まれます。英文が読まれる前に，日本語で内容に関する質問をします。その質問に対する答えとして最も適切なものを，ア～エから選び，記号で答えなさい。

（岐阜県）

▶**Track 08**

	Flight number is…	The weather in London now is…	Flight time will be…
ア	Flight 735	☁	10 hours and 12 minutes
イ	Flight 735	☂	12 hours and 10 minutes
ウ	Flight 753	☁	10 hours and 12 minutes
エ	Flight 753	☂	12 hours and 10 minutes

答え ［　　　　　　　］

32 1枚のイラストや図表の中から選ぶ

解答：別冊 p.15

目標時間 10分

対話を聞いて，複数の人物から1人を選んだり，地図や路線図上の位置を選んだりする問題がよく出題されるぞ。

★対話とその内容についての質問を聞いて，答えとして最も適切なものをア〜エから選び，記号で答えなさい。

（No.1：山形県　No.2：富山県・改）

ヒント

STEP ①
音声を聞く前に下のイラストを見ておこう。

No. 1　　　　　Sachi さんと Tom さんが見ている写真

STEP ②
上の4人の様子から，どんな表現に注意して聞けばいいか予想しよう。

GOAL ③（入試レベル）
音声を再生して問題に挑戦しよう。

Track 09

答え [　　　　　]

STEP ④
音声を聞く前に下の地図を見ておこう。

No. 2

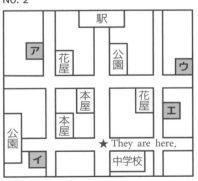

駅
ア　花屋　公園　ウ
本屋　花屋　エ
本屋
公園　★They are here.
イ　中学校

STEP ⑤
上の現在地（★）から4つの場所への道順を説明する表現を思い出しておこう。

GOAL ⑥（入試レベル）
音声を再生して問題に挑戦しよう。

Track 10

答え [　　　　　]

STEP ②
手にしているものや服装，立っているか座っているかなど，それぞれの人物の様子に注目しよう。

GOAL ③
「人物の様子」や「どの人物の説明か」に注意しながら聞こう。イラストや余白に名前をメモしても OK。

STEP ⑤
★印の They are here. は「彼らはここにいます。」という意味で現在地を表す。道案内の表現には，「まっすぐ行く」「右 / 左に曲がる」「右側 / 左側に」などがあるね。

GOAL ⑥
まっすぐ行くのか曲がるのか，右か左かなどに注意して聞きながら，地図に行き方をかき込もう。

わからないときは裏面へ

STEP 2 人物の様子から聞き取るポイントを予想する

音声が始まる前に，イラストの内容をチェックしておく。この問題では人物の様子がポイントになると予想される。wearing ～（～を身につけている），have ～ in one's hand(s) / holding ～（～を持っている），with ～（～を持って，～を身につけて），standing / sitting（立っている /座っている）などの表現を思い浮かべておこう。

ポイント

1 枚のイラストや図表の
中から選ぶ問題

・人物を選ぶ問題は，人物の様子を表す表現がポイント。

・地図や路線図上の目的地を選ぶ問題は，行き方の表現を思い出しておく。

・部屋の中の位置を選ぶ問題は，場所を表す前置詞を思い出しておく。

STEP 5 行き方や位置の表現を確かめておく

音声が始まる前に，現在地（★印）と選択肢ア～エの位置をチェックしておく。この問題では道案内を聞いて適切な場所を選ぶと予想される。go straight（まっすぐ行く），go down ～（〈道など〉を進む），turn right/left（右 / 左に曲がる），on your right/left（あなたの右側 / 左側に），next to ～（～の隣に）などの表現を思い出しておこう。電車での行き方や部屋の中の位置の表現もおさえておくとよい。

GOAL 6 聞きながら地図にかき込む

音声を聞きながら，行き方の説明に合わせて地図にルートをかき込もう。

補習問題

1 対話とその内容についての質問を聞いて，答えとして最も適切なものをア～エから選び，記号で答えなさい。

（埼玉県 2020）

Track 11

答え ［　　　　　］

2 対話とその内容についての質問を聞いて，答えとして最も適切なものをア～エから選び，記号で答えなさい。

（北海道）

Track 12

答え ［　　　　　］

33 質問に対する答えの文を選ぶ①

目標時間 **15**分

対話とその内容についての英語の質問が読まれたあと，答えとして適切な英文を選ぶ問題はよく出題されるぞ。

◀解答：別冊 p.16▶

★No. 1 と No. 2 の問題に答えなさい。　　　　　　（No. 1：京都府　No. 2：滋賀県）

No. 1　対話とその内容についての質問を聞いて，答えとして最も適切なものをア〜エから選び，記号で答えなさい。

STEP 1　音声を聞く前に下の選択肢を読んでおこう。

ア　She visited her grandfather and made a cake.
イ　She played tennis with her friends.
ウ　She watched TV at home.
エ　She did her homework.

STEP 2　上の 4 つの選択肢の意味をとらえて比べ，どんなことを問われるか予想しよう。

GOAL 3　音声を再生して問題に挑戦しよう。　　　　　　　　🔊**Track 13**

答え ［　　　　　　］

No. 2　剛(Takeshi)さんはアメリカ合衆国からの留学生であるメアリー(Mary)さんと週末に出かける約束をしています。対話とその内容についての質問を聞いて，答えとして最も適切なものをア〜エから選び，記号で答えなさい。

STEP 4　音声を聞く前に下の選択肢を読んでおこう。

① ア　Near the station.
　 イ　In front of the library.
　 ウ　Near the park.
　 エ　In front of the school.

② ア　Because her friend will play the piano in a concert.
　 イ　Because she can learn Japanese from the songs.
　 ウ　Because Takeshi usually listens to music after dinner.
　 エ　Because her friend bought many CDs of Japanese songs.

STEP 5　まず，それぞれの選択肢の意味をとらえよう。そして，どんなことを問われるか予想したり，選択肢の主な内容(主語・動詞・目的語)を確認したりしよう。

GOAL 6　音声を再生して問題に挑戦しよう。　　　　　　　　🔊**Track 14**

答え ①［　　　　　　］

②［　　　　　　］

! HINT　ヒント

STEP 2
選択肢はどれも「彼女」について述べていて，「行動」がそれぞれ違う。ということは，問われるのは…？

GOAL 3
選択肢で確認した「行動」を中心に，「だれ」「いつ」「どこ」などに注意しながら聞こう。メモをしても OK。質問もよく注意して聞こう！

STEP 5
①は「場所」を問われるようだね。②は何の理由を問われるかは予想できないけれど，あわてないこと。各選択肢の主な内容を確認しておこう。

GOAL 6
「場所」や事前にチェックしたことに注意して，場面や様子を思い浮かべながら聞こう。余白にメモをしても OK。質問もよく注意して聞くこと！

わからないときは裏面へ

STEP 2 選択肢を比べて，何が問われるかを予想する

音声が始まる前に選択肢を読んで内容を比べ，どこが違うかに注目して質問を予想する。この問題では主語と時（過去）は同じだが，「行動」がすべて違うので，she が指す人物が何をしたかが問われると予想される。

ポイント
質問に対する答えの文を選ぶ問題

・選択肢を比べて，共通点や違う点から質問を予想する。
・質問が予想できない場合もある。まずは選択肢の意味をしっかりとらえる。
・質問は細部まで注意して聞き，何が問われているかを正確にとらえる。

GOAL 3 質問は細部までよく注意して聞く

この問題の質問は What did Mana do last Saturday?（マナはこの前の土曜日に何をしましたか。）で，Mana と Saturday が重要。これらを正確に聞き取らないと，対話を聞き取れていても答えを間違えてしまうので注意！

STEP 5 まずは選択肢の意味をとらえる

この問題の②のように，質問が予想しづらい場合もある。まず重要なのは選択肢の意味を正しくとらえること。特に，選択肢の主な内容（主語・動詞・目的語）を確認しておく。下線を引いたりするのもよい。

GOAL 6 質問は細部までよく注意して聞く

②の質問は Why does Mary listen to Japanese songs every day?（なぜメアリーは毎日，日本の歌を聞いているのですか。）で，Mary listen to Japanese songs が重要。ここをしっかり聞き取り，対話を聞きながらメモしたことや，事前に確認した選択肢の内容をもとに答えを選ぼう。

補習問題

1 対話とその内容についての質問を聞いて，答えとして最も適切なものをア～エから選び，記号で答えなさい。

（東京都 2021）

ア At eleven fifteen.　　イ At eleven twenty.
ウ At eleven thirty.　　エ At eleven fifty-five.

🔊 **Track 15**

答え [　　　　　]

2 高校生で放送部員の Maki が，カナダからの留学生の Jack にインタビューしているときの対話とその内容についての質問を聞いて，答えとして最も適切なものをア～エから選び，記号で答えなさい。

（三重県）

🔊 **Track 16**

① ア Because Yoshie taught him a Japanese song after dinner.
　 イ Because his father's experiences in Japan were interesting for him.
　 ウ Because his father sometimes read Japanese books.
　 エ Because his classmates had a chance to talk with him.

② ア He came to school by bicycle.　　イ He talked with Hiroshi's family.
　 ウ He practiced calligraphy.　　エ He made a poster about it.

答え　①[　　　　　]

②[　　　　　]

34 質問に対する 答えの文を選ぶ②

目標時間 **15**分

英文とその内容についての英語の質問が読まれたあと，答えとして適切な英文を選ぶ問題もよく出題されるぞ。

解答：別冊 p.18

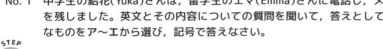

★No. 1 と No. 2 の問題に答えなさい。

（No.1：山形県　No.2：佐賀県・改）

No. 1 中学生の結花(Yuka)さんは，留学生のエマ(Emma)さんに電話し，メッセージを残しました。英文とその内容についての質問を聞いて，答えとして最も適切なものをア～エから選び，記号で答えなさい。

STEP 1 音声を聞く前に下の選択肢を読んでおこう。

① ア　Her sister.　　イ　Her classmates.
　　ウ　An ALT.　　エ　An English teacher.

② ア　She wants to plan a party for a classmate with the ALT.
　　イ　She wants to leave school and spend her free time at home.
　　ウ　She wants to buy something for the ALT who will leave her school.
　　エ　She wants to talk about what to do for the ALT with her classmates.

STEP 2 それぞれの選択肢の意味をとらえて比べ，どんなことを問われるか予想しよう。

GOAL 3 音声を再生して問題に挑戦しよう。　　　　　🔊**Track 17**

入試レベル

答え　①[　　　　]
　　　②[　　　　]

No. 2 留学生のアリ(Ali)が自分の国についてスピーチをしています。スピーチとその内容についての質問を聞いて，答えとして最も適切なものをア～エから選び，記号で答えなさい。

STEP 4 音声を聞く前に下の選択肢を読んでおこう。

① ア　There are many Japanese gardens.
　　イ　Japanese goods and culture are popular.
　　ウ　It takes about 3 hours to get there from Japan.
　　エ　People in Turkey don't drink coffee.

② ア　He makes desserts.　　イ　He cleans his shoes.
　　ウ　He takes off his shoes.　　エ　He cooks dinner.

STEP 5 それぞれの選択肢の意味をとらえよう。そして，どんなことを問われるか予想したり，キーワードをチェックしたりしよう。

GOAL 6 音声を再生して問題に挑戦しよう。　　　　　🔊**Track 18**

入試レベル

答え　①[　　　　]
　　　②[　　　　]

わからないときは裏面へ

HINT ヒント

STEP 2
①の選択肢は「人物」を表しているね。②は She wants to(彼女は～したい)のあとがそれぞれ違うね。

GOAL 3
選択肢で確認した「人物」「したいこと」を中心に，注意して聞こう。メモをしてもOK。質問もよく注意して聞くこと！

STEP 5
①は共通点がなく何を問われるか予想しづらいが，選択肢の意味をとらえておくことが大切。②は「彼」の「行動」が問われそうだね。

GOAL 6
事前にチェックしたキーワードや，「人物」の「行動」に注意して聞こう。余白にメモをしてもOK。質問もよく注意して聞くこと！

STEP 2

選択肢を比べて，何が問われるかを予想する

音声が始まる前に選択肢を読んで内容を比べ，どこが違うかに注目して質問を予想する。この問題では，①「人物」と，② she（彼女）の「行動」が問われると予想される。

GOAL 3
入試レベル

簡単にメモをしながら聞く

①は，質問を聞くまで「どの人物」についてどのように問われるかはわからない。そのため，音声を聞きながら，選択肢の人物について簡単にメモをしていくとよい。けれども，メモにばかり意識を向けて音声を聞き逃さないように注意！　メモは，印をつけるなどごく簡単に。

STEP 5

まずは選択肢の意味をとらえる

この問題の①のように，質問が予想しづらいこともある。①のように選択肢に共通点があまりない場合は，全体的な内容に一致するのはどれかという問いが考えられる。まず重要なのは，選択肢の意味をしっかりとらえること。キーワードに下線を引いておくのもよい。

GOAL 6
入試レベル

簡単にメモをしながら聞く

①は，事前にチェックしたキーワードに注意しながら音声を聞き，選択肢が英文と合っているかがわかった場合は○×などをつけるとよい。また，②は質問も選択肢もシンプルだが，引っかけがあることもあるので，質問は細部まで注意して聞こう。

ポイント
よく出る疑問詞

what	何，何の
when	いつ
where	どこ
why	なぜ
who	だれ
which	どれ，どの，どちら（の）
whose	だれの，だれのもの
how	どんな様子で，どのようにして

補習問題

1 動物園の飼育員による案内とその内容についての質問を聞いて，答えとして最も適切なものをア～エから選び，記号で答えなさい。

（大阪府・改）

■ **Track 19**

① ア Once.　イ Twice.　ウ Three times.　エ Four times.

② ア To buy some food for the babies.
　 イ To give some milk to the babies.
　 ウ To take pictures of the babies.
　 エ To buy the books about the babies.

答え　①[　　　　　]　②[　　　　　]

2 ベーカー先生の自己紹介を聞いて，その内容に合っているものをア～エから選び，記号で答えなさい。

（岐阜県・改）

■ **Track 20**

ア Mr. Baker hopes that the students will visit many temples in Japan.
イ Mr. Baker knows about Japan well because he has stayed there before.
ウ Mr. Baker says that about 50 languages are spoken in New York.
エ Mr. Baker tells the students that it's fun to learn other languages.

答え　[　　　　　]

35 内容に合っているか正誤で答える

目標時間 15分

絵や図表の説明をいくつか聞いて正誤を答えたり，対話や英文のあとに質問と複数の答えを聞いて，答えの正誤を判断したりする問題が出題されるぞ。

解答：別冊 p.21

★No. 1 と No. 2 の問題に答えなさい。

（No.1：富山県　No.2：愛知県・改）

No. 1　下のイラストについて，英文 A，B，C が読まれます。説明として正しいか，誤っているかを判断して，「正」か「誤」を○で囲みなさい。なお，正しいものは1つとは限りません。

STEP 1 音声を聞く前に下のイラストを見ておこう。

STEP 2 上のイラストの内容から，どんな英文が読まれるか予想してみよう。

GOAL 3 入試レベル 音声を再生して問題に挑戦しよう。　🔊 **Track 21**

答え A[正　誤]　B[正　誤]

C[正　誤]

No. 2　最初に対話が読まれ，続いて，対話についての問いと，問いに対する答え A，B，C，D が読まれます。答えとして正しいか，誤っているかを判断して，「正」か「誤」を○で囲みなさい。なお，正しいものは1つしかありません。

STEP 4 音声を再生して，登場人物の名前や人物についてわかったことを簡単にメモしよう。

🔊 **Track 22**

人物①についてわかること

人物①

人物②についてわかること

人物②

GOAL 5 入試レベル 音声をもう一度再生して，問題に挑戦しよう。　🔊 **Track 23**

答え A[正　誤]　B[正　誤]

C[正　誤]　D[正　誤]

HINT ヒント

STEP 2
人物が何をしているか，手にしているもの，身につけているもの，天気，建物などに注目しよう。

GOAL 3
それぞれの文を落ち着いて聞いて，説明の内容をていねいにとらえ，イラストの内容と合っているか確認しよう。

STEP 4
事前に問いの予想はできないが，「人物」「場面」「話題」などのポイントをとらえよう。

GOAL 5
音声を落ち着いて聞きながら，メモをもとに答えよう。「正」は1つだけということもヒントになるね。

わからないときは裏面へ

STEP 2 イラストや図表から聞き取るポイントを予想する

イラストや図表などがある場合は，音声が始まる前に内容をチェックしておく。この問題では walk（歩く），have an umbrella in her hand / hold an umbrella（かさを持つ），take an umbrella（かさを持っていく），sunny（晴れた），school（学校）などの言葉を思い浮かべておくとよい。

ポイント

内容に合っているか正誤で答える問題

・イラストや図表がある場合は事前に内容をチェック。
・説明の音声は細かなところまでよく注意して聞く。
・情報が音声のみの場合は，聞きながら「人物」「場面」「話題」などの要点をメモする。

GOAL 3 説明の文は細部までよく注意して聞く

説明の音声はなるべく全部をとらえられるように，細部までよく注意して聞こう。この問題では A が The boy is walking with his dog.（男の子は彼の犬と歩いています。）で，with his dog までちゃんと聞かないと間違える。また，事前に考えた表現が出てこなくても慌てないこと。

STEP 4 聞きながら要点をメモする

問題用紙に何もヒントがない場合は，情報は音声のみになる。要点をとらえられるように，聞きながらメモをするとよい。ただし，メモに気を取られすぎて音声を聞き逃してしまわないように注意！

補習問題

1 下のグラフについて，英文 A，B，C が読まれます。説明として正しいか，誤っているかを判断して，「正」か「誤」を○で囲みなさい。なお，正しいものは 1 つとは限りません。 （富山県）

🔊 **Track 24**

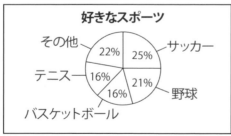

太郎さんの学校のアンケート結果

好きなスポーツ

その他 22% ／ サッカー 25% ／ 野球 21% ／ バスケットボール 16% ／ テニス 16%

答え A[正 　 誤] 　 B[正 　 誤]

C[正 　 誤]

2 最初にスピーチが読まれ，続いて，スピーチについての問いと，問いに対する答え A，B，C，D が読まれます。問いは①と②の 2 つあります。問いの答えとして正しいか，誤っているかを判断して，「正」か「誤」を○で囲みなさい。なお，正しいものは，各問いについて 1 つしかありません。 （愛知県・改）

🔊 **Track 25**

答え ①A[正 　 誤] 　 B[正 　 誤]

C[正 　 誤] 　 D[正 　 誤]

②A[正 　 誤] 　 B[正 　 誤]

C[正 　 誤] 　 D[正 　 誤]

36 対話の応答を選ぶ

目標時間 15分

対話が読まれて，その最後の発言に対する適切な応答を選ぶ問題は，最後の発言の聞き取りが重要！ 落ち着いて音声を聞こう。

解答：別冊 p.22

★対話を聞いて，その最後の発言に対する受け答えとして最も適切なものを，ア～ウ，またはア～エから選び，記号で答えなさい。

（No.1：三重県　No.2：山口県）

 **ヒント**

STEP 1
音声を聞く前に下の選択肢を読んでおこう。

No. 1

ア　About five minutes.
イ　Two hours ago.
ウ　Three times.

STEP 1
選択肢は「時間の長さ」「いつか」「回数」だね。

STEP 2
音声を再生して，最後の発言の意味に合うものを○で囲もう。　**Track 26**

[　時間の長さ　　いつか　　回数　]をたずねている。

STEP 2
いつ最後の発言がくるかわからないので，最初から集中して聞こう。疑問詞がポイントだよ。

GOAL 3 入試レベル
音声をもう一度再生して，問題に挑戦しよう。　**Track 27**

答え　[　　　　　　　　　]

STEP 4
アの same は「同じ」という意味，ウの with は「～のある，～のついた」という意味だよ。

STEP 4
音声を聞く前に下の選択肢を読んでおこう。

No. 2

ア　You can give her the same flowers.
イ　She doesn't like flowers, right?
ウ　How about a cup with a picture of flowers?
エ　I am looking for flowers for my grandmother.

STEP 5
メモの代わりなので，詳しく書かなくて OK。わかったことだけ書き込もう。

GOAL 6
5で確認したことに対して，お店の人が言っている言葉だよ。

STEP 5
音声を再生して，対話全体の要点をつかむつもりで聞き，簡単にメモしよう。　**Track 28**

【対話の要点】
客は [　　　　　　　　　　　　　　　] を探している。
去年は [　　　　　　　　　　　　] をあげた。
今年は [　　　　　　　　　　　　] をあげたい。

GOAL 6 入試レベル
音声をもう一度再生して，問題に挑戦しよう。　**Track 29**

答え　[　　　　　　　　　]

わからないときは裏面へ

ココをおさえる！

STEP
2
最後の発言の意味をとらえる

この形式の問題では，最後の発言の意味を確実にとらえることが**最重要**。ただし，聞いていてどこが最後の発言になるかはわからないので，最初からよく注意して聞こう。この問題では，最後の発言は How long 〜?（どれくらい〈の期間〉〜か）という疑問文。疑問詞の意味や会話表現はおさえておこう。

> **ポイント**
> 対話の応答を選ぶ問題
>
> ・対話の最後の発言の意味をしっかりとらえる。
> ・ただし，最後の発言だけに注意するのではなく，できるだけ対話全体の要点をつかむつもりで聞く。

STEP
5
対話全体の要点をつかむつもりで聞く

この問題は，最後の発言の意味だけをとらえても間違えてしまう可能性がある。最後の発言の意味をとらえることは必須だが，できるだけ対話全体の要点をつかむつもりで聞こう。とはいえ，聞き取れない箇所があってもあせらないこと。聞き取れたことをヒントに落ち着いて考えよう。

補習問題

1 対話を聞いて，その最後の発言に対する受け答えとして最も適切なものをア〜エから選び，記号で答えなさい。

（佐賀県）

① ア　That's too bad.　　イ　Yes, you can play baseball.
　ウ　I'm fine, thank you.　エ　No, it isn't.

Track 30

② ア　It is ¥540.　　　　イ　Yes, it is.
　ウ　About 20 minutes by train.　エ　This train does.

答え　① [　　　　　]

　　　② [　　　　　]

2 対話を聞いて，その最後の発言に対する受け答えとして最も適切なものをア〜エから選び，記号で答えなさい。

（京都府）

① ア　I'll watch movies tonight.
　イ　Here you are.
　ウ　Sorry, but I don't need a watch.
　エ　I like it but it's a little expensive.

Track 31

② ア　You're so lucky.　　イ　You're welcome.
　ウ　I think so, too.　　エ　That's a good idea.

答え　① [　　　　　]

　　　② [　　　　　]

37 質問に対して英語で答える

目標時間 **15** 分

英文や対話とその内容についての英語の質問が読まれて, その質問に英語で答える問題は, 質問の意味とキーワードをチェック! 音声はあせらずに聞こう。

解答：別冊 p.23

★中学生の健太(Kenta)の話を聞いて, ①〜③の質問の答えとなるように, 空所にあてはまる数字や語, 語句を書きなさい。 (静岡県)

ヒント

STEP 1

音声を聞く前に, 質問と答えの文(空所あり)を読んでおこう。

① How long did Kenta's parents stay in Nagano?

They stayed there for [   ] days.

② What did Kenta do with his sister before breakfast?

He [(a)   ] the [(b)   ] with his sister.

③ Why were Kenta's parents surprised when they came home?

Because Kenta [   ].

STEP 2

質問の意味を日本語に訳して, [   ] に書こう。

① 健太の両親は [   ] 長野に滞在しましたか。

② 健太は [   ] の前に姉[妹]と [   ]。

③ 健太の両親は帰宅したときに, [   ]。

STEP 3

もう一度 STEP 1 の質問と答えの英文を読んで, キーワード(音声を聞くときに注意する語句)をチェックしよう。下線や印をつけても OK。

STEP 4

音声を再生して, キーワードに注意しながら聞こう。健太の話の1回目で答えがわかったら, 下に解答しても OK。(20秒後に2回目が流れます。)

🔊 **Track 32**

GOAL 5

話の2回目を聞いて, 問題に挑戦しよう。

答え ① [   ]

②(a) [   ]

(b) [   ]

③ [   ]

STEP 2

②の before は「〜の前に」, ③の surprised は「驚いた」, because は「〜だから」という意味。

STEP 3

キーワードは主に質問の文にありそうだよ。①は, 答えの文の days(〜日)もチェックしておこう。

STEP 4

音声を聞きながら簡単にメモを取ってもいいよ。1回目は聞き逃しがあっても, もう1回聞けるのであせらないこと!

GOAL 5

答えを書いたら見直して, つづりのミスがないか確認しよう。答えの文に当てはまるかどうかもチェック!

わからないときは裏面へ

STEP **2** 質問の意味を確認する

問題用紙に質問や答えの文が示されている場合は，事前に意味を確認しておく。特に質問の意味の確認は必須。疑問詞の意味はしっかり覚えておこう。この問題では，① How long 〜?（どれくらい〈の期間〉〜か），② What did 〜 do ...?（〜は何をしたか），③ Why 〜?（なぜ〜か）。

P ポイント
質問に対して英語で
答える問題

・事前に質問の意味やキーワードを確認する。
・音声は簡単にメモを取りながら聞く。
・答えを書いたら見直す。

STEP **3** 質問や答えの文でキーワードをチェックする

質問や答えの文にある語句が音声に出てきたら，その前後に答えがあることが多い。どんな語句に注意しながら聞けばよいか，事前にチェックしておこう。この問題では，① stay in Nagano（長野に滞在する），days（〜日），② with his sister（姉[妹]と），before breakfast（朝食前に），③ came home（帰宅した），surprised（驚いた）などをチェックするとよい。

STEP **4** 音声はメモを取りながら聞く

音声はキーワードに注意しながら聞いて，答えや関連することを簡単にメモするとよい。答えがわかったらすぐ解答してもよいが，そのせいで音声を聞き逃すかもしれない。さっとメモしておいて，音声が終わってから解答欄に書くのがおすすめ。

GOAL **5** 答えを書いたら見直す

答えを書いたら必ず見直すこと。つづりのミスや，足りない語・不要な語がないか，空所に適切に当てはまるかなどを確認する。

補習問題

1 中学生の信二(Shinji)とベーカー先生(Ms. Baker)の対話を聞いて，①・②の質問の答えとなるように空所にあてはまる語や語句を書きなさい。

（岐阜県・改）

🔊 **Track 33**

① How often does Shinji work as a member of 'Nature Club'?

He works every [   ] .

② Who told Shinji about 'Nature Club'?

[   ] told him about it.

答え　①[   ]

②[   ]

38 自分のことや考えを英語で答える

目標時間 15分

英文や対話を聞いて，質問に対して自分のことや自分の考えを英語で答える問題に対しては，よく使う表現を確認しておこう。

解答：別冊 p.24

★表現の確認をしてから，No. 1 と No. 2 の問題に答えなさい。

（No.1：高知県・改　No.2：佐賀県）

STEP 1　自分のしたいこと・好きなことを伝える英語の表現の例を確認しよう。
日本語に合うように，[　　]に適する語を書こう。

① 私はアメリカを訪れたい。
I [　　　　　　　　　][　　　　　　　　　　　　] visit America.
② 私はバスケットボールをすることが好きです。
I like [　　　　　　　　][　　　　　　　　] basketball.
または，I like [　　　　　　　] basketball.

No. 1 Brown 先生の話を聞き，先生の質問に対するあなたの答えを英文 1 文で書きなさい。

STEP 2　音声を再生して，質問の内容とあなたの答えを日本語でメモしよう。

🔊 **Track 34**

質問の内容　[　　　　　　　　　　　　　　　　　　　　　　　　]
あなたの答え　[　　　　　　　　　　　　　　　　　　　　　　]

GOAL 3（入試レベル）　音声をもう一度再生して，問題に挑戦しよう。

🔊 **Track 35**

[　　　　　　　　　　　　　　　　　　　　　　　　　　　　　]

STEP 4　自分の考え・意見を伝える英語の表現の例を確認しよう。
日本語に合うように，[　　　]に適する語を書こう。

① 私はあなたが正しいと思います。　I [　　　　　　　] you are right.
② あなたは熱心に勉強するべきです。　You [　　　　　　　] study hard.

No. 2 あなたは，海外の中学生とのオンライン交流会の最後に，海外の中学生からのメッセージを聞いているところです。メッセージの内容を踏まえて，あなたのアドバイスを英語で簡潔に書きなさい。

STEP 5　音声を再生して，質問の内容とあなたの答えを日本語でメモしよう。

🔊 **Track 36**

質問の内容　[　　　　　　　　　　　　　　　　　　　　　　　　]
あなたの答え　[　　　　　　　　　　　　　　　　　　　　　　]

GOAL 6（入試レベル）　音声をもう一度再生して，問題に挑戦しよう。

🔊 **Track 37**

[　　　　　　　　　　　　　　　　　　　　　　　　　　　　　]

！ ヒント

STEP 1
①「〜したい」を表す形は？
②「〜すること」を表す形は 2 つあるよ。

STEP 2
メモはごく簡単に，キーワードだけで OK。

GOAL 3
書き終わったら見直して，ミスがないか確認しよう。

STEP 4
②「〜するべき」は，must（〜しなければならない）などと同じ，助動詞で表すよ。

STEP 5
メモはごく簡単に，キーワードだけで OK。

GOAL 6
書き終わったら見直して，ミスがないか確認しよう。

わからないときは裏面へ

ココをおさえる！

STEP 1 自分のことや考えを伝える表現をおさえておく

この形式の問題では，どんなことを質問されるかは予想できない。しかし，自分自身のことや，考え・意見を問われることが多い。自分のことや考えを伝える表現を使えるようにしておくとよい。

STEP 4 前ページに挙げたもののほかに，下のようなものもおさえておきたい。

□ I am going to visit my grandparents.
（私は祖父母を訪ねるつもりです。）
□ It is important to eat breakfast.
（朝食を食べることは大切です。）

ポイント
自分のことや考えを
英語で答える問題

・自分のことや考えを伝えるときによく使う表現をおさえておく。
・まずは質問を聞き取り，何を答えればよいかをつかむ。
・答えを書いたら見直す。

STEP 2 何を答えればよいかをつかむ

まずは何を答えればよいか，質問の内容をつかむことが大切。落ち着いて音声を聞こう。疑問文には特に注意。つかんだ内容や自分の答えについて簡単にメモしておくとよい。

STEP 5

GOAL 3 答えを書いたら見直す

答えを書いたら必ず見直すこと。つづりのミスや，足りない語・不要な語がないかなどを確認する。

GOAL 6

補習問題

1 Smith 先生の話を聞き，先生の質問に対するあなたの答えを英語で書きなさい。1 文でも 2 文でもかまいません。

（高知県・改）

🔊 **Track 38**

2 これから，Naomi と Sam との対話を放送します。その中で，Naomi が Sam に質問をしています。Sam に代わってあなたの答えを英語で書きなさい。2 文以上になってもかまいません。書く時間は 1 分間です。

（鹿児島県）

🔊 **Track 39**

39 英語のメモやメールなどを完成させる

目標時間 15分

英文や対話を聞いて，それについてのメモやメールなどの空所に入る語を答える問題は，まずメモやメールの内容とキーワードをチェック！

解答：別冊 p.25

★ No. 1 と No. 2 の問題に答えなさい。

（No.1：栃木県・改　No.2：鹿児島県）

No. 1 あなたは，英語で学校新聞を作るために，新しく来た ALT にインタビューをしています。そのインタビューを聞いて，英語で書いたメモを完成させなさい。

STEP 1 音声を聞く前にメモを読んでおこう。

> - Island country
>   ・famous for its beautiful ①[　　　　　　]
> - Nice climate
>   ・over 3,000 ②[　　　　　　] of sunshine
> - Small country
>   ・the ③[　　　　　　] size as Utsunomiya City
> - Good places to visit

STEP 2 空所の前後を中心にメモの意味とキーワード（音声を聞くときに注意する語句）を確認して，（　　）に日本語や数字を書こう。

・島国：その美しい [　①　] で（　　　　　　　　　　　）

・よい気候：（　　　　　　　　　　　）以上の [　②　] の日光[日照]

・小さな国：宇都宮市のような [　③　] な（　　　　　　　　　　　）

GOAL 3 入試レベル　音声を再生して問題に挑戦しよう。　　🔈**Track 40**

答え　①[　　　　　　　　　　　]

　　　②[　　　　　　　　　　　]

　　　③[　　　　　　　　　　　]

No. 2 これから，Saki と John の対話を放送します。二人は，友達の Lucy と一緒に図書館で勉強する予定の日について話しています。下はその対話の後に，Saki が Lucy と話した内容です。対話を聞いて，空所に適切な英語1語を書きなさい。

STEP 4 音声を聞く前に下の対話を読んで，空所の前後を中心に意味とキーワードを確認し，（　　）に日本語を書こう。

Saki: Hi, Lucy.　John wants to go to the library on [　★　].　Can you come on that day?

Lucy: Sure!

【空所の前後の意味】

・（　　　　　　）は[　★　]に図書館へ行きたい。その（　　　）に来られるか。

GOAL 5 入試レベル　音声を再生して問題に挑戦しよう。　　🔈**Track 41**

答え　[　　　　　　　　　　　]

わからないときは裏面へ

ヒント

STEP 2
①の前にある famous は，芸能人やスポーツ選手などにも使うね。②の前にある数は，three thousand と読むよ。

GOAL 3
キーワードに注意しながら聞こう。簡単にメモしても OK。答えを書いたら見直しを！

STEP 4
まずは対話の意味を確認しよう。英文の空所にはどんな情報が入りそうかな？

GOAL 5
キーワードに注意しながら聞こう。簡単にメモしても OK。答えを書いたら見直しを！

STEP 2　メモの内容とキーワードを確認する

事前にメモの内容を確認して，何を答えるかのヒントをつかんでおく。このメモの語句は次のような意味。① famous for ～は「～で有名な」，② over ～は「～以上」，sunshine は「日光，日照，晴天」，③ as は「～のような」。もし意味のわからない語があっても，音声で聞き取れればヒントになるのであせらないこと。

また，どんな語句に注意して聞けばよいか，キーワードになりそうな語句もチェックしておこう。空所の前後の語句に注目するとよい。

P ポイント

英語のメモやメールなどを完成させる問題

・事前にメモの内容とキーワードを確認する。
・音声は簡単にメモを取りながら聞く。
・解答欄に書くのは音声が終わってから。書いたら見直す。

GOAL 3　音声はメモを取りながら聞く

音声はキーワードに注意しながら聞いて，答えや関連することをメモするとよい。聞いている間は答えはさっとメモしておいて，音声が終わってから解答欄に書くのがおすすめ。答えを書いたら必ず見直すこと。

この問題では，①は famous for its beautiful ～（その美しい～で有名）というメモと同じ表現がそのまま音声に出てくる。②は more than three thousand（3000 以上），③は as large as Utsunomiya City（宇都宮市と同じくらいの大きさ）から考える。

STEP 4　まとめの文章の内容とキーワードを確認する

事前にまとめの文章の内容を確認して，何を答えるかのヒントをつかんでおく。この問題ではまとめの文章ではなく，対話（音声）のあとにそれについて別の人に伝えた対話が示されているが，解き方の手順は同じ。この問題では，空所を含む文を見ると，図書館に行くことについて John（ジョン）がどう言ったかがポイントになりそうだと推測できる。

また，ここで示されている対話は短めだが，もう少し長い文章などの場合もある。そのときは内容の確認に時間をかけすぎないように注意。各文を和訳する必要はない。大まかな内容をとらえるつもりで目を通し，主に空所の前後に注意して読むとよい。

GOAL 5　音声はメモを取りながら聞く

音声はキーワードに注意しながら聞いて，答えや関連することをメモするとよい。聞いている間は答えはさっとメモしておいて，音声が終わってから解答欄に書くのがおすすめ。答えを書いたら必ず見直すこと。

この問題では，事前に確認したように John（ジョン）がどういうことを言っているかに注意して聞くようにする。

補習問題

1 中学生の Ken は，高校で英語の体験授業に参加しています。次の【メモ】は，Ken が ALT の Wilson 先生の話を聞きながら，授業のはじめに書いたものです。今から，そのときの Wilson 先生の話を聞いて，その内容に合うように，空所①，②，③にはそれぞれ話の中で用いられた英語1語を，空所④には場面にふさわしい4語以上の英語を書きなさい。

（山口県）

🔊 **Track 42**

【メモ】

About today's class

1. We should not be [①] of speaking English.

2. We should talk with students from [②] junior high schools.
   We can make new [③].

After the class
   We will [④]. It's about the events at this school.

答え　①[　　　　　　　　]
　　　②[　　　　　　　　]
　　　③[　　　　　　　　]
　　　④[　　　　　　　　　　　　　]

2 由美子(Yumiko)さんはカナダ出身の友達のトム(Tom)さんと話したあと，留学生のエミリー(Emily)さんに電子メールを送りました。由美子さんとトムさんの対話を聞き，空所①，②に最も適する英語を1語ずつ入れ，次の電子メールを完成させなさい。

（富山県）

🔊 **Track 43**

【由美子さんがエミリーさんに送った電子メール】

　　Hi, Emily.　Tom said he was interested in the movie, "*The Happiest Panda.*" He and I talked about going to see the movie on [①], so why don't we all go together?　We can see the movie together in the morning and then you and I can go [②] later.　What do you think?

Yumiko

答え　①[　　　　　　　]
　　　②[　　　　　　　]

40 内容に合う文や語句を補う

目標時間 **20**分

対話文や英語の文章の中の空所に適切な語句や英文を入れる問題がよく問われるぞ。

解答：別冊 p.27

★右ページの読解問題について，下の指示にしたがって解いていきなさい。

HINT ヒント

STEP 1

設問文を読んで，だれとだれの対話か下の［　　　］に日本語を書いてうめよう。

> ［　　　　　　］の正人さんと，［　　　　　　　］のサラさんの対話。

> **STEP 1**
> 設問文とは，問題のいちばんはじめに書かれている文のこと。この読解問題だと「次の英文は，……」で始まる文のことだよ。
> 設問文には，登場人物の設定などが書かれているよ。

STEP 2

対話文を読んで，その内容について下の［　　　］に日本語を書いてうめよう。

> 二人は，正人さんが昨日参加した［　　　　　　　　　　　　　　　　　］のことについて話している。正人さんは，そこではうまく外国人の生徒と話すことができたが，昨年英語の授業でオーストラリアの生徒とインターネットで話したときは，授業の前に［　　　　　　　　　　　　　　　　　］のでうまくいかなかった。

> **STEP 2**
> 二人が何について話しているのか，全体の流れをつかもう。

STEP 3

〔問1〕について，下の［　　　］に日本語を書いてうめよう。

> サラさんが文中の空所でたずねたことに対して，正人さんは［　　　　　　　　　　　　　　　　　］と答えていることから，空所にはどんな英語が入るのか考える。

> **STEP 3**
> It was exciting. を日本語にする。

STEP 4

〔問2〕のAについて，下の［　　　］に日本語を書いてうめよう。

> ┌─A─┐に入る選択肢はいずれも What で始まる疑問文である。サラさんが┌─A─┐でたずねた質問に，正人さんは［　　　　　　　　　　　　　　　　　］と答えていることから，┌─A─┐にはどんな内容が入るのか考える。

> **STEP 4**
> The topic was climate change. を日本語にする。

STEP 5

〔問2〕のBについて，下の［　　　］に日本語を書いてうめよう。

> When you work with foreign students, it's important ┌─B─┐.は，「［　　　　　　　　　　　　　　　　　］ときは，Bが大切です。」という意味。┌─B─┐にはどんな内容が入るのか考える。

> **STEP 5**
> work は，ここでは「活動する」と訳す。

GOAL 6 入試レベル

右ページの〔問1〕，〔問2〕に解答しよう。

答え 〔問1〕［　　　　　　　　　　　　　　　　　　　　］?

　　　〔問2〕A［　　　　　　］ B［　　　　　　　］

> **GOAL 6**
> 前後の発言内容を参考に，それぞれの空所にどんな内容を入れればよいかを考えて，問いに答えよう。

わからないときは p.92 へ

次の英文は，高校生の正人(Masato)と ALT(外国語指導助手)のサラ(Sara)の対話です。これを読み，〔問1〕〔問2〕に答えなさい。

（和歌山県・改）

Masato : Hi, Sara.　How are you?
Sara　 : Good!　I hear you joined an international event yesterday.　〔　　　　　〕?
Masato : It was exciting.　Ten foreign students from five countries came to Wakayama to talk about global problems with Japanese students.
Sara　 : Great!　　　　A
Masato : The topic was climate change.　We had some ideas to solve the problem.　It was a good experience.
Sara　 : You speak English well.　So I don't think it's difficult for you to work with foreign students.
Masato : Well, I like speaking English.　But I had a problem last year.
Sara　 : What problem did you have?
Masato : In an English class, I talked with students from Australia on the Internet.　We talked about global warming.　But it didn't go smoothly because I didn't get any information about their country before the class.　It was my mistake.　Japanese culture and Australian culture aren't the same.
Sara　 : I see.　When you work with foreign students, it's important　　　B　　　.
Masato : I agree.　For yesterday's event, I did some research on the five countries which joined the event.　I could talk with the foreign students well because I got some information in advance.　We knew our differences and respected them.　So we had some good ideas.
Sara　 : Good!
Masato : I think there are important things which we can learn from our mistakes.
Sara　 : I think so, too.

（注）
global　地球上の　　climate change　気候変動　　global warming　地球温暖化　　go smoothly　順調に進む
mistake　失敗　　Australian　オーストラリアの　　do some research on ～　～の情報を集める
in advance　前もって　　knew < know の過去形　　difference　違い　　respect　尊重する

〔問1〕　対話の流れに合うように，文中の〔　　　　　〕にふさわしい英語を書きなさい。ただし，語数は3語以上とし，符号（ . , ? ! など）は語数に含まないものとする。

〔問2〕　対話の流れに合うように，文中の　　　A　　　，　　　B　　　にあてはまる最も適切なものを，それぞれア～エの中から1つずつ選び，その記号を書きなさい。

　　　　　　　A
　　ア　What did you talk about?
　　イ　What did you do to help the students?
　　ウ　What did you hear about the students?
　　エ　What did you learn about the five countries?

　　　　　　　B
　　ア　to speak perfect English
　　イ　to join the wonderful event
　　ウ　to know each country has its own culture
　　エ　to learn everything about Australian students

STEP
1 設問文から場面設定を把握する

対話形式の読解問題の設問文には，だれとだれの対話か，それらの人はどんな人物かなどが書かれている。
また，長文形式の読解問題の設問文には，英語の文章が何について書かれたものか，何のために書かれたものかなどが書かれている。
英文を読んでいくうえで理解の助けになるものなので，きちんと読んで場面設定を頭に入れておこう。
また，問いに軽く目を通して，どんなことが問われるかチェックしておこう。

STEP
2 文章全体を通して読んで，対話の内容と流れをつかむ

空所に適切な語句や英文を入れる問題では，まず，文章全体の内容と流れをつかむことが重要。
知らない単語があっても意味を推測しながら最後まで読み進めて，それから問いに進もう。
そして，問いと関係がありそうな部分に戻って文章を読み直そう。

POINT

ポイント
文章全体の内容と流れをつかみ，空所の前後に注目する

次の手順で問題を解こう！
❶ 設問文を読んで場面設定を把握する
❷ 問いに軽く目を通す
❸ 文章を最後まで読む
→ 全体の内容と流れをつかむ
❹ 問いを読む
→ 語数などの条件や，選択肢の意味などをチェック
❺ 空所の前後の文章を読み直す
→ 手がかりになる語句や文に注目する
❻ 答えとして書いた英語や選択肢から選んだ英語を実際に空所に入れてみる
→ 前後のつながりを確認

STEP
3 空所の前後の語句や文に注目する

空所に適切な語句や英文を入れる問題では，全体の流れをつかんだうえで，空所の直前・直後の語句や文に注目する。

STEP
4

そこに書かれている内容を手がかりにして，空所にどんな内容の語句や文を入れると前後のつながりが自然かを考え，空所に英語を書き入れたり，選択肢を選んだりする。

STEP
5

GOAL
6 自分が答えた英文や語句を空所にあてはめてみて，話の意味が通るか確かめる

入試レベル

〔問1〕 STEP 3 で考えた英語を対話文の空所に入れてみて，前後のつながりを確認しよう。

〔問2〕 A の選択肢の意味は，
ア What did you talk about?
あなた(たち)は何について話しましたか。
イ What did you do to help the students?
あなた(たち)は生徒たちを手伝うために何をしましたか。
ウ What did you hear about the students?
あなた(たち)は生徒たちについて何を聞きましたか。
エ What did you learn about the five countries?
あなた(たち)は 5 か国について何を学びましたか。
→ STEP 4 で考えた内容と合うものを選び，対話文の空所に入れてみて前後のつながりを確認しよう。

〔問2〕 B の選択肢の意味は，
ア to speak perfect English
完ぺきな英語を話すこと
イ to join the wonderful event
すばらしいイベントに参加すること
ウ to know each country has its own culture
それぞれの国には独自の文化があるということを知ること
エ to learn everything about Australian students
オーストラリアの生徒たちに関するあらゆることを学ぶこと
→ STEP 5 で考えた内容と合うものを選び，対話文の空所に入れてみて前後のつながりを確認しよう。

本文の日本語訳

Masato : Hi, Sara.　How are you?　　こんにちは，サラ先生。お元気ですか。

Sara : Good!　I hear you joined an international event yesterday.　〔　　　　〕?
元気ですよ！　私はあなたが昨日国際的なイベントに参加したと聞いています。〔　　　　〕?

Masato : It was exciting.　Ten foreign students from five countries came to Wakayama to talk about global problems with Japanese students.
おもしろかったですよ。5か国からの10人の外国人の生徒が，日本人の生徒と地球上の問題について話すために和歌山に来ました。

Sara : Great!　　　　A　　　　　すばらしいですね。　　　　A　　　　

Masato : The topic was climate change.　We had some ideas to solve the problem.　It was a good experience.
議題は気候変動でした。私たちはその問題を解決するためのアイデアをいくつか出しました。それはよい経験でした。

Sara : You speak English well.　So I don't think it's difficult for you to work with foreign students.
あなたは英語を上手に話します。だから私はあなたが外国人の生徒たちと活動するのは難しくないと思います。

Masato : Well, I like speaking English.　But I had a problem last year.
ええと，私は英語を話すことが好きです。でも昨年，ある問題がありました。

Sara : What problem did you have?　　どんな問題があったのですか。

Masato : In an English class, I talked with students from Australia on the Internet.　We talked about global warming.　But it didn't go smoothly because I didn't get any information about their country before the class.　It was my mistake.　Japanese culture and Australian culture aren't the same.
英語の授業で，私はインターネットでオーストラリア出身の生徒たちと話しました。私たちは地球温暖化について話しました。でも私は授業の前に彼らの国についての情報を全く得ていなかったので，順調に進みませんでした。それは私の失敗でした。日本の文化とオーストラリアの文化は同じではありません。

Sara : I see.　When you work with foreign students, it's important 　　　B　　　.
なるほど。外国の生徒たちと活動するときには，　　　B　　　が大切ですね。

Masato : I agree.　For yesterday's event, I did some research on the five countries which joined the event.　I could talk with the foreign students well because I got some information in advance.　We knew our differences and respected them.　So we had some good ideas.
その通りだと思います。昨日のイベントのために，私はイベントに参加した5か国についての情報を集めました。前もって情報を得ていたので，私は外国人の生徒たちとうまく話すことができました。私たちは自分たちの違いを知り，それらを尊重しました。それで，私たちはよいアイデアをいくつか出しました。

Sara : Good!　　よかったですね！

Masato : I think there are important things which we can learn from our mistakes.
私たちには失敗から学べる大切なことがあると思います。

Sara : I think so, too.　　私もそう思います。

1 次の英文は，バスケットボール部に所属する中学生の直人(Naoto)が，祖母とのできごとを振り返って書いたものである。この英文を読んで，(1)(2)の問いに答えなさい。 (静岡県・改)

One day in spring, I saw a poster in my classroom. The poster said, "Let's plant sunflowers in the town park together!" It was an event planned by a volunteer group in our town. I didn't think it was interesting, so I took my bag and left the classroom.

Next Saturday morning, I went to school to practice basketball. When I was walking by the town park, I saw my grandmother was planting sunflowers with some people in the park. Then, I remembered that poster. I asked her, "Are you in this volunteer group?" She answered, "Yes. We pick up trash in this park every Saturday. But today, we came here to plant sunflowers. I planned this new event." I said to her, "Really? Why did you plan it?" She said, "Many young people in this town want to live in big cities in the future. It's sad to me. If beautiful sunflowers are in this large park, I think some of them will find this town is a wonderful place." She also said, "How about joining us, Naoto? I sent posters to many places, but we have only ten people now." I thought, "This park is large. Planting sunflowers with only ten people is hard. She ⬚⬚⬚ A ⬚⬚⬚, but I have my basketball practice." So, I said to her, "Sorry, I have to go to school," and started ⬚⬚⬚ B ⬚⬚⬚. She looked sad.

When I arrived at my school gym, I thought it was too large. Our team had eight members, but two of them didn't come on that day. Three members and I practiced hard, but two members didn't. They sometimes stopped running and sat down during the practice. They said, "We always have to practice the same things because we are a small team. We can't win the games without more teammates." When I listened to them, I felt sad. I thought, "⬚⬚⬚⬚⬚⬚⬚⬚⬚⬚, but I believe that there is a way to become a strong team." I wanted to say something to them, but I didn't.

After the practice, I walked by the town park again. Then, I was surprised. About thirty people were planting sunflowers in the park. I found my grandmother there. I asked her, "Why are there so many people here?" She answered, "I saw many people in the park, so I told them why we were planting sunflowers. Then, many of them joined us." I asked her, "Is that everything you did?" "Yes, I just talked with them," she answered. Her words gave me an answer to my problem. Then, I joined the event and worked with her.

After the event, I told her about my basketball team and said, "Today, I found that talking with other people is necessary to change something. Next week, I'll tell my teammates that I want to make a strong team together. I hope they will understand me." She listened to me and smiled.

(注)
The poster said ポスターに～と書いてあった　plant ～を植える　sunflower ひまわり
volunteer ボランティアの　pick up ～を拾う　trash ごみ　member 部員
teammate チームメート

[問い]

(1) 本文中の　　A　　, 　　B　　の中に補う英語の組み合わせとして，次の**ア**〜**エ**の中から最も適切なものを 1 つ選び，記号で答えなさい。

ア　A : needs more people
　　　　B : working in the park

イ　A : needs more people
　　　　B : walking to school

ウ　A : doesn't need any people
　　　　B : working in the park

エ　A : doesn't need any people
　　　　B : walking to school

答え　[　　　　　　　]

(2) 本文中の　　　　　　　　の中に補う英語として，次の**ア**〜**エ**の中から最も適切なものを 1 つ選び，記号で答えなさい。

ア　We don't have many members

イ　We don't have a place to practice

ウ　Our team always win the games

エ　Our team always enjoy the practice

答え　[　　　　　　　]

ポスターなどの資料の内容について答える

ポスターなどに書かれた内容や，表・グラフなどの資料を見て解く読解問題。情報を正確に読み取ることが重要だ。

解答：別冊 p.28

★右ページの読解問題について，下の指示にしたがって解いていきなさい。

HINT
ヒント

STEP 1

設問文を読んで，この資料が何を表しているかを読み取ろう。

STEP 2

案内図に書かれていることについて，下の [　　　] に数字を書いてうめよう。

> ステーションホテルから北海スタジアムまでは，[　　　] 通りの行き方がある。

STEP 3

案内図に書かれていることについて，下の [　　　] に日本語を書いてうめよう。

> ※印のところには，それぞれ [　　　　　] に関することなどが書かれており，★印のところには，それぞれの場所についての情報が書かれている。

STEP 4

問いの(1)では何が問われているか，下の [　　　] に日本語を書いてうめよう。

> 北海駅からスタジアム駅まで行くのに，[　　　　　] を利用したときにかかる [　　　　　] が問われている。

STEP 5

問いの(2)について，下の [　　　] に日本語を書いてうめよう。

> Using a flat rate taxi is cheaper than using a train は，
> 「定額のタクシーを使うほうが，[　　　　　　　　　　　　　　　]」
> という意味。if ～は「もし～すれば」という条件を表すので，どんな条件のときに上の英語で書かれていることが成り立つのかを考える。

GOAL 6

右ページの [問い] に解答しよう。

答え　(1) [　　　　　　　]

(2) [　　　　　　　]

STEP 1

設問文には，何の案内図だと書かれている？

STEP 2

案内図の中に，どんなことが書かれているかを，まずは大まかにつかもう。

STEP 3

全体の大まかな内容がつかめたら，次は，細かい補足説明のところにも目を通そう。

STEP 4

選択肢に「○○ minutes(○○分)」が並んでいて，問いの英文に「It takes about ～(約～かかる)」とあることからわかる。

STEP 5

cheaper は cheap（安い）の比較級。

GOAL 6

それぞれの問いの内容がわかったら，計算を間違えないように答えよう。

わからないときは p.98 へ

読 解 問 題

次の英文は，ステーションホテル(Station Hotel)から北海スタジアム(Hokkai Stadium)への行き方を示した案内図（Access Information)です。これを読んで，問いに答えなさい。

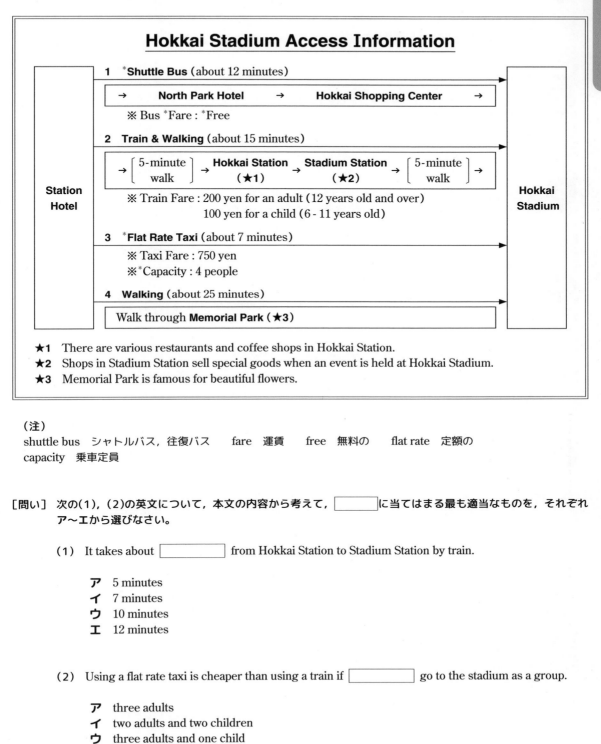

Hokkai Stadium Access Information

Station Hotel	1 *Shuttle Bus (about 12 minutes)
	→ North Park Hotel → Hokkai Shopping Center →
	※ Bus *Fare : *Free

1 *Shuttle Bus (about 12 minutes)

→ North Park Hotel → Hokkai Shopping Center →

※ Bus *Fare : *Free

2 Train & Walking (about 15 minutes)

→ [5-minute walk] → Hokkai Station (★1) → Stadium Station (★2) → [5-minute walk] →

※ Train Fare : 200 yen for an adult (12 years old and over)
100 yen for a child (6 - 11 years old)

3 *Flat Rate Taxi (about 7 minutes)

※ Taxi Fare : 750 yen
※ *Capacity : 4 people

4 Walking (about 25 minutes)

Walk through Memorial Park (★3)

★1 There are various restaurants and coffee shops in Hokkai Station.
★2 Shops in Stadium Station sell special goods when an event is held at Hokkai Stadium.
★3 Memorial Park is famous for beautiful flowers.

（注）
shuttle bus　シャトルバス，往復バス　　fare　運賃　　free　無料の　　flat rate　定額の
capacity　乗車定員

［問い］　次の(1)，(2)の英文について，本文の内容から考えて，□□□□に当てはまる最も適当なものを，それぞれ
ア～エから選びなさい。

（1）　It takes about □□□□ from Hokkai Station to Stadium Station by train.

　　ア　5 minutes
　　イ　7 minutes
　　ウ　10 minutes
　　エ　12 minutes

（2）　Using a flat rate taxi is cheaper than using a train if □□□□ go to the stadium as a group.

　　ア　three adults
　　イ　two adults and two children
　　ウ　three adults and one child
　　エ　four adults

STEP 1 設問文から情報をつかむ

この問題の設問文には「ステーションホテルから北海スタジアムへの行き方」とある。このように，設問文には，これから問題を解くにあたっての，重要な情報が書かれているので，日本語でのヒントのようなつもりで読み飛ばさないようにすること。

ポイント
資料や英文に書かれた情報を正確に読み取る

資料のどこにどんな情報がのっているかをまず確認して，問いに答えるときには必要な情報が示された部分に戻って確かめよう。

資料で特に注目したいのが，「数字」が書かれた部分。値段・時間（時刻）・人数・％などの数値について問われることが多い。

また，資料の内容を説明した英語の文章を読み取る問題も多く出題される。そのような問題では，本文中や問いの文で，資料に示された内容がいろいろな英語で表現される。本文中の表現を言いかえた表現で問われることもあるので，注意が必要。

STEP 2 資料に書かれている内容をおおまかにつかむ

ステーションホテルから北海スタジアムまでの行き方には，「シャトルバス(往復バス)」「電車と徒歩」「定額タクシー」「徒歩」があることがわかる。

STEP 3 資料の細かいところにも目を向ける

それぞれの行き方の下には，※のあとに「Bus Fare(バス運賃)」「Train Fare(電車運賃)」「Taxi Fare(タクシー運賃)」などが書かれている。資料のどこにどんなことが書かれているかを確認しておく。

STEP 4 問いの内容を正確につかむ

問い(1)の英語の意味は，
It takes about _____ from Hokkai Station to Stadium Station by train.

北海駅からスタジアム駅まで電車で約 _____ かかります。

ア	5 minutes	5 分		イ	7 minutes	7 分
ウ	10 minutes	10 分		エ	12 minutes	12 分

STEP 5 問いの内容を正確につかむ

問い(2)の英語の意味は，
Using a flat rate taxi is cheaper than using a train if _____ go to the stadium as a group.

_____ が 1 グループでスタジアムまで行くなら，定額タクシーを使うほうが電車を使うよりも安い。

ア	three adults	大人 3 人
イ	two adults and two children	大人 2 人と子ども 2 人
ウ	three adults and one child	大人 3 人と子ども 1 人
エ	four adults	大人 4 人

GOAL 6 資料の情報を正確に読み取る

(1) 問いの文に by train とあるので，案内図の「2 Train & Walking」のところを確認する。
そこには「about 15 minutes」とあり，「Hokkai Station → Stadium Station」の前後に「5-minute walk」とあることから答えがわかる。

(2) 「3 Flat Rate Taxi」のところには「Taxi Fare：750 yen(タクシー運賃：750 円)」「Capacity：4 people(乗車定員：4 人)」とある。
また，「2 Train & Walking」のところには「200 yen for an adult(大人 200 円)」「100 yen for a child(子ども 100 円)」とあることから，選択肢のア〜エのそれぞれの場合にいくらかかるかを計算して答える。

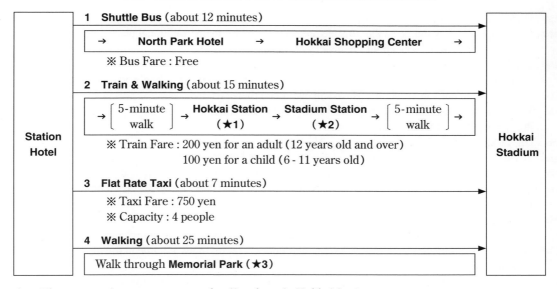

Hokkai Stadium Access Information

Station Hotel	1 **Shuttle Bus** (about 12 minutes)	Hokkai Stadium
	→ **North Park Hotel** → **Hokkai Shopping Center** →	
	※ Bus Fare : Free	
	2 **Train & Walking** (about 15 minutes)	
	→ 5-minute walk → **Hokkai Station** (★1) **Stadium Station** (★2) → 5-minute walk →	
	※ Train Fare : 200 yen for an adult (12 years old and over) 100 yen for a child (6 - 11 years old)	
	3 **Flat Rate Taxi** (about 7 minutes)	
	※ Taxi Fare : 750 yen ※ Capacity : 4 people	
	4 **Walking** (about 25 minutes)	
	Walk through **Memorial Park** (★3)	

★1 There are various restaurants and coffee shops in Hokkai Station.
★2 Shops in Stadium Station sell special goods when an event is held at Hokkai Stadium.
★3 Memorial Park is famous for beautiful flowers.

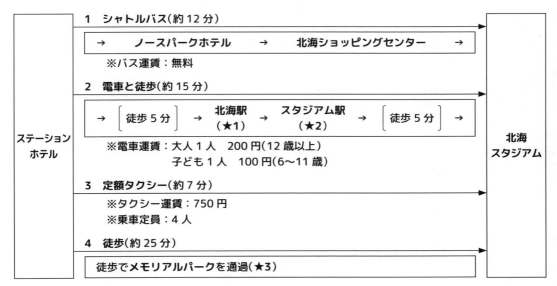

北海スタジアムへの行き方案内

ステーションホテル	1 シャトルバス（約12分）	北海スタジアム
	→ ノースパークホテル → 北海ショッピングセンター →	
	※バス運賃：無料	
	2 電車と徒歩（約15分）	
	→ 徒歩5分 → 北海駅（★1） スタジアム駅（★2） → 徒歩5分 →	
	※電車運賃：大人1人　200円（12歳以上）　子ども1人　100円（6～11歳）	
	3 定額タクシー（約7分）	
	※タクシー運賃：750円 ※乗車定員：4人	
	4 徒歩（約25分）	
	徒歩でメモリアルパークを通過（★3）	

★1 北海駅にはさまざまなレストランや喫茶店があります。
★2 スタジアム駅の店では，北海スタジアムでイベントがあるときに特別な商品を売っています。
★3 メモリアルパークは美しい花々で有名です。

1 留学中の美香(Mika)と美香のホームステイ先のケイト(Kate)が話をしている。対話文と右のチラシ(flyer)をもとにして，1〜3 の問いに答えなさい。 （愛媛県・改）

Kate : Hi, Mika.　How is your life here?

Mika : I'm enjoying it very much.　I like this city because there are many traditional places.　I'm very interested in history.　I want to learn about the history of this city.

Kate : Really?　There is a big history museum in this city.　It's very popular.　I often hear many adults and children go to the museum.　Wait ....　Here is a flyer.　I received it at school about two weeks ago.

Mika : This museum looks interesting.　Have you ever been there?

Kate : Yes.　I went there with my family last year, and learned a lot about the history of this city and people's lives in the past.　I had a wonderful time.

Mika : Oh, I want to go there!　[①]?

Kate : Yes, of course.　Let's go there next Sunday.　I think my father can take us there by car.

Mika : Well ..., the flyer shows the museum has a special event on Saturdays.　What is it?

Kate : We can enjoy the experience of life in the past.　When I went there last year, I tried on traditional clothes. I enjoyed that very much.　And the special event was free.

Mika : Wow!　I want to do that!　Shall we go there next Saturday?

Kate : Sure.　But my father works every Saturday.　So we have to go to the museum by bike.

Mika : No problem.　Kate, the flyer shows the opening hours.　I want to leave home in the morning to stay there for a long time.

Kate : All right.　And let's have lunch at the museum restaurant.　So we'll need some money.

Mika : OK.　And I need six dollars to buy a ticket, right?

Kate : That's right.　Oh, the flyer shows we can get a 10% discount if we buy tickets on the museum website now. But we are too young to buy tickets on the Internet.　So [②].

Mika : Thank you.

Kate : The museum gives us another discount.　When I went there with my family last year, we bought two Pair Tickets.　We saved money.　You can find out how much money we saved from the flyer.

Mika : OK.　You went there with your father, mother and brother Bob, right?

Kate : Yes.

Mika : At that time, you were thirteen years old, and Bob was ten ....　(A)You certainly saved money!

Kate : Mika, look at this!　If you become a member of the museum, you can do some things.

Mika : That's great!　I'm interested in field trips and special classes.　I want to know how to become a member.

Kate : OK.　Let's find that on the website.

Mika : Sure.

Kate : Mika, you really love history.　You can learn a lot at the museum.

Mika : Yes.　I hope the weekend will come soon.

（注）
adult(s)　大人　　past　過去　　try on ～　～を試着する　　free　無料の　　opening hours　開館時間
ticket(s)　チケット　　discount　割引　　website　ウェブサイト　　pair　ペア　　save ～　～を節約する
find out ～　～がわかる　　certainly　確かに　　member(s)　会員　　field trip(s)　実地見学

Flyer

CITY HISTORY MUSEUM

Opening Hours

Museum	9:00 - 17:30
Shop	10:00 - 17:30
Restaurant	11:00 - 14:00

Closed

Mondays
January 1
December 25

Saturdays : Special Event
"Life in the Past"   Free!

Tickets

Adult	12 dollars
Child (11-15 years old)	6 dollars
Child (5 - 10 years old)	4 dollars
Child (0 - 4 years old)	Free
Pair〔one adult and one child (5 -15 years old)〕	15 dollars

Please become a member of our museum!

Only members can
➢ join field trips
➢ join special classes by famous teachers
➢ get an e-mail about history every week

Visit our website :
https://www.cityexample.com/

This year only!! If you buy tickets on our website, you can get a 10% discount.

〔問い〕

1. 対話文中の①，②に当てはまる最も適当なものを，それぞれ次のア～エの中から１つずつ選び，その記号を書きなさい。

① ア Are you busy next Sunday
   イ Can you come with me
   ウ Will you make a flyer
   エ Do you like this city

② ア I'll ask my father to get them
   イ I'll talk about that with young people
   ウ we can buy them on the Internet
   エ we can get a 10% discount   答え ①〔   〕 ②〔   〕

2. 対話文中の(A)について，ケイトの家族は，何ドル節約しましたか。数字で書きなさい。

答え 〔   〕

3. 次の(1)～(3)の英文の内容が，対話文，Flyer の内容に合うように，〔   〕のア～エの中から，最も適当なものをそれぞれ１つずつ選び，その記号を書きなさい。

(1) Kate〔ア tried to make traditional clothes at the museum   イ became a member of the museum last year   ウ learned about the history of her city at school   エ got the museum flyer at school〕.

(2) Mika and Kate decided to go to the museum〔ア by car next Saturday   イ by bike next Saturday   ウ by car next Sunday   エ by bike next Sunday〕.

(3) The flyer shows that〔ア people can eat at the museum restaurant at 10:00   イ the museum isn't closed on the first day of the year   ウ an e-mail about history is sent to members of the museum every week   エ all children have to buy tickets to go into the museum〕.

答え　(1)〔   〕 (2)〔   〕 (3)〔   〕

4·2 指定された語句の内容を答える

目標時間 **20**分

対話文や英語の文章中に下線で指定された語句の意味や、その語句が指す内容を答える問題。this, that, so のような指示語や、it や them などの代名詞がよく指定される。

解答：別冊 p.29

★右ページの読解問題について、下の指示にしたがって解いていきなさい。

HINT ヒント

○ STEP **1** 本文を最初から最後までざっと読み通して、どんなことが書かれているかをおおまかにつかもう。

STEP 1
知らない単語があったときは、本文下の(注)を参考にする。そこに示されていない単語があっても、意味を推測しながらどんどん読み進めていこう。

○ STEP **2** 本文に書かれていることについて、下の [　　　　] に日本語を書いてうめよう。

> 本文の内容は、次のような流れになっている。
>
> 第1段落：先生から新しい科学技術についての話を聞いた中学生のヒ
> ↓　　　 ロシさんは、次の学習課題のことで母親にたずね、母親は
> 　　　　 それに答えている。
> 第2段落：その数日後に、ヒロシさんは彼の [　　　　　　] の
> ↓　　　 トシコさんに、新しい科学技術をどう使っているか聞いて
> 　　　　 いる。
> 第3段落：その1か月後に、ヒロシさんは [　　　　　　　]
> ↓　　　 をして、同級生のアスカさんがその感想を述べている。
> 第4段落：同級生からの感想を聞いて、ヒロシさんが自分の意見と、
> 　　　　 これからしたいことについて話している。

STEP 2
各段落にどんなことが書かれているか、それぞれの要点をおさえておこう。

○ STEP **3** 問1について、下の [　　　　] に日本語を書いてうめよう。

> 下線部 ① benefits が含まれている文の、There are many benefits of using new technology. の意味は、benefits を日本語に訳さずにそのまま表すと、「[　　　　　　　　　　　　　] ことの benefits はたくさんあります。」となる。

STEP 3
ここでは benefits の単語の意味はわからなくても大丈夫！

○ STEP **4** 問2について、下の [　　　　] に日本語を書いてうめよう。

> 下線部 ② that job が含まれている文の、Now I don't need to give water to my fruit trees because AI technology can do that job. の意味は、「今では私は [　　　　　　　　　] 必要はありません、なぜなら AI の科学技術が [　　　　] をすることができるからです。」となる。

STEP 4
Now I don't need to give water to my fruit trees を先に訳す。

○ GOAL **5** 右ページの〔問1〕,〔問2〕に解答しよう。

入試レベル

答え 〔問1〕[　　　　　　　]

〔問2〕[　　　　　　　　　　　　　　　　　　　　　　　　　]

GOAL 5
問1 benefits が含まれている文の前後のトシコさんの発言から、benefits の意味を推測する。
問2 that のような指示語は、それよりも前に述べられていることを指すので、前の部分に注目する。

わからないときは p.104 へ

次の英文を読んで，あとの各問いに答えなさい。　　　　　　　　　　　　　　　　　　　　　　　（福岡県・改）

　　　　Hiroshi is a junior high school student.　One day in an English class, his teacher said, "We have many kinds of new technology around us.　Computers, the Internet, and AI are good examples.　Do you know any people who use them well?　In our next project, I want you to introduce one person in class."　So at home that night, Hiroshi asked his mother, and she said to him, "Your grandmother, Toshiko, uses new technology well."

　　　　A few days later, Hiroshi talked with Toshiko on the Internet about the project.　She said, "Well, you know I am a fruit farmer.　I didn't use technology very much in the past.　But now, I use it every day.　There are many ① benefits of using new technology.　I collect information about the weather from websites.　I can understand my fruit's growth by keeping records and can share that information with researchers and farmers who live in other parts of Japan.　Then I can get good ideas from them and make my fruit bigger and better.　Now I don't need to give water to my fruit trees because AI technology can do ② that job.　Also, it is easy for me to sell more fruit by using the Internet.　In these ways, new technology has changed my way of working and made it better.　On my website, I show other farmers how to use new technology which helps us grow better fruit."　Hiroshi decided to talk about her to his classmates.

　　　　A month later, Hiroshi made a speech in front of his classmates.　After the speech, his classmate, Asuka, said, "In your speech, I like the story of your grandmother's website.　She shows her ideas about using new technology for agriculture.　I hope people will be interested in her website.　If they see it, they will learn her ways to grow fruit.　Then, they will be influenced by her and start working like her.　I really respect her."

　　　　Hiroshi was very happy to hear that.　He said to Asuka, "Using new technology in effective ways has been changing the lives of many people.　I want to learn about this more and create a better society in the future."

（注）

technology　科学技術	project　学習課題，プロジェクト	growth　成長	records　記録
researchers　研究者	grow　栽培する	agriculture　農業	be influenced　影響を受ける
respect　尊敬する	society　社会		

〔問1〕　下線部①を別の語句で表現する場合，最も適当なものを，次のア～エから1つ選び，記号を書きなさい。

　　　ア　difficult points

　　　イ　good points

　　　ウ　weak points

　　　エ　same points

〔問2〕　下線部②の具体的な内容を，英文中からさがし，日本語で書きなさい。

STEP 1 ひと通り読んで文章の全体像をつかむ

STEP 2 実際の試験では時間が限られているので，知らない単語や表現があってもあせらず，前後の内容から意味を推測しながら文章を最後まで読み進めよう。また，文章全体がどんな流れ（構造）になっているかや，段落ごとにどのような内容が書かれているかをおさえよう。

ポイント
前後の文章の内容から意味を推測

　下線部の語句の意味を答える問題では，その下線部の前後の文章に答えのヒントがある。本文全体の内容をつかんだうえで，下線部の前後の文章を読み直して，下線部の意味を推測しよう。

　また，問いが選択肢から選ぶ形式の場合，選択肢の中に正解があるということなので，選択肢に書かれていることも，下線部の意味を考えるうえでの手がかりになる。

STEP 3 下線部の前後の内容から意味を推測する

この文は，トシコさんがヒロシさんの学習課題のことを聞いて，ヒロシさんに話している発言の一部である。
トシコさんはその発言の中で，There are many benefits of using new technology. と言ったあとに，新しい科学技術をどのように使っているのかを具体的にいくつか説明しているが，そのどの具体例も彼女にとってどういうものなのかを考えると benefits の意味が推測できる。

STEP 4 指示語が指す内容は，それよりも前からさがす

that は前に述べられたことを指すことばなので，that job は，それよりも前の内容を表している。

ポイント
下線部が指示語の場合は，その直前に注目

　this，that，so などの指示語が指す内容は，それよりも前の文に書かれていることが多いので，前の文をよく読むことが大切。

　また，下線部が代名詞の場合，その代名詞が単数を表しているのか複数を表しているのかにも注意する。
（例）・下線部が it のとき
　　　　→ 単数の名詞を指す
　　　・下線部が them のとき
　　　　→ 複数の名詞を指す

GOAL 5 選んだことばを下線部にあてはめて確認する

〔問1〕 STEP 3 を参考にしながら，前後のトシコさんの発言内容と合うものを選択肢の中から選び，benefits と置きかえてみよう。

There are many ｜ benefits ｜ of using new technology.

　　ア　difficult points　　難しい点

　　イ　good points　　良い点

　　ウ　weak points　　弱点

　　エ　same points　　同じ点

〔問2〕 STEP 4 も参考にしながら，「下線部②の具体的な内容を，英文中からさがし，日本語で書きなさい。」という問いの前半にある通り，下線部②の具体的な内容を，まず英文中からさがしてみよう。そして，その部分を日本語でまとめよう。

本文の日本語訳

Hiroshi is a junior high school student.   One day in an English class, his teacher said, "We have many kinds of new technology around us.   Computers, the Internet, and AI are good examples.   Do you know any people who use them well?   In our next project, I want you to introduce one person in class."   So at home that night, Hiroshi asked his mother, and she said to him, "Your grandmother, Toshiko, uses new technology well."

ヒロシは中学生です。ある日英語の授業で，彼の先生が「私たちのまわりにはたくさんの種類の新しい科学技術があります。コンピューター，インターネット，そして AI がよい例です。それらをうまく使っている人々をだれか知っていますか。私たちの次の学習課題では，授業で 1 人紹介してほしいと思います。」と言いました。そこで，その夜，家でヒロシはお母さんにたずねたところ，彼女は彼に「あなたのおばあさんのトシコさんが新しい科学技術を上手に使っているよ。」と言いました。

A few days later, Hiroshi talked with Toshiko on the Internet about the project.   She said, "Well, you know I am a fruit farmer.   I didn't use technology very much in the past.   But now, I use it every day.   There are many ① benefits of using new technology.   I collect information about the weather from websites.   I can understand my fruit's growth by keeping records and can share that information with researchers and farmers who live in other parts of Japan.   Then I can get good ideas from them and make my fruit bigger and better.   Now I don't need to give water to my fruit trees because AI technology can do ② that job.   Also, it is easy for me to sell more fruit by using the Internet.   In these ways, new technology has changed my way of working and made it better.   On my website, I show other farmers how to use new technology which helps us grow better fruit."   Hiroshi decided to talk about her to his classmates.

数日後，ヒロシはトシコさんとインターネットで，その学習課題について話しました。彼女は言いました，「そうね，私が果樹園をやっているのをあなたも知っているでしょ。以前はあまり科学技術を使っていなかったの。だけど今では毎日使っているわ。新しい科学技術を使うことの利点はたくさんあるわよ。ウェブサイトから天気についての情報を集めているわ。記録をとることでうちの果物の成長がわかって，日本のほかの場所に住んでいる研究者や農場の人たちとその情報を共有することができるの。それから彼らからはいいアイデアを得て，うちの果物をより大きくよりよいものにすることができるの。今はうちの果物の樹木に水やりをする必要はないの，なぜなら AI の科学技術がその仕事をやってくれるから。また，インターネットを使うことで，私はより多くの果物を売ることが簡単なの。これらの方法で，新しい科学技術は私の働き方を変えて，よりよくしてくれたわ。私のウェブサイトでは，ほかの農場の人たちに，私たちがよりよい果物を育てるのに役立つ新しい科学技術の使い方を示しているの。」ヒロシは彼女のことについて同級生に話すことに決めました。

A month later, Hiroshi made a speech in front of his classmates.   After the speech, his classmate, Asuka, said, "In your speech, I like the story of your grandmother's website.   She shows her ideas about using new technology for agriculture.   I hope people will be interested in her website.   If they see it, they will learn her ways to grow fruit.   Then, they will be influenced by her and start working like her.   I really respect her."

1 か月後，ヒロシは同級生の前でスピーチをしました。スピーチのあと，同級生のアスカは言いました，「あなたのスピーチでは私はおばあさんのウェブサイトの話が好きです。彼女は，農業のために新しい科学技術を使うことについての考えを示しています。私は人々が彼女のウェブサイトに興味を持ってくれたらいいと思っています。彼らがそれを見れば，彼女の果物の育て方を学ぶでしょう。それから，彼らは彼女に影響を受けて，彼女のように働き始めるでしょう。私は本当に彼女を尊敬します。」

Hiroshi was very happy to hear that.   He said to Asuka, "Using new technology in effective ways has been changing the lives of many people.   I want to learn about this more and create a better society in the future."

ヒロシはそれを聞いてとても喜びました。彼はアスカに「新しい科学技術を効果的に使うことは，多くの人々の生活を変えつつあります。僕はこのことについてもっと学んで，将来よりよい社会をつくりたいです。」と言いました。

○ **1** 次の英文は，中学生の真由実(Mayumi)が行ったスピーチです。これを読んで，問い(1)(2)に答えなさい。（京都府・改）

Last year, all the students in my class had a work experience. Each student went to a place in our town and worked there for three days to know more about the job. One student worked at a flower shop and another student went to a restaurant. I worked at a *bakery called Mugi. Before the work experience, I worried about it a little, but I became excited when I started it.

The bakery has been popular for many years. There are many kinds of *bread there. My friends and I often go there to buy our favorite bread. We like eating the bread and we often talk about it. *Through the work experience, I understood why the bakery is so popular. I learned a lot about the way to make and sell bread.

*Workers at the bakery taught me how to make bread. I learned a lot of things to do for making bread. Among them, it was interesting for me to make *dough and to *shape it into bread. When the workers make the dough, they use water as one of the *ingredients. They change the *amount of it to make the best dough for each day because the *temperature and the *humidity change every day. They said, "It is difficult to make the dough, but we always try to make the perfect dough for the day." After they finish making the dough, they shape it well into each bread. I wanted to do it like them, but it was difficult for me to shape the dough into bread. One worker said, "It takes a few years to be able to make nice bread." Now, I know it takes a lot of effort to make bread.

Workers at the bakery make many kinds of cards, and put them in front of each kind of bread in the shop. The cards show messages from the workers to customers. For example, one message is about special ingredients and *taste. I tried to write a card about my favorite bread, but I didn't know how to write a good card. One worker said to me, "You can write your *feelings about your favorite bread, and the reason for always buying it." I did my best to write the card. I was excited because it was put in front of the bread in the shop. One worker said to me, "I love your card. It makes me happy because I understand that you enjoyed making it. Also, it shows your feelings about your favorite bread as a 14-year-old girl. Some customers bought the bread because they became interested in it after reading your card." I was very happy to hear ① that, and I wanted to make better cards. Then, I asked some workers, "How do you make nice cards?" One of them said, "We try to learn a lot about every kind of bread in our bakery. Also, we read many books, and we often go to other bakeries to see good examples. We want to show the customers the good points of our bread, and we want ② them to try the bread." Now, I know it takes a lot of effort to sell bread.

Through the work experience, I learned that workers are working very hard and I wanted to know the reason. Then, I asked some workers, and they said that they want to make many people happy, so they do their best every day. They also said that they become happy when they make customers happy. Before this experience, I thought people work only for their lives, but now, I understand that they also work hard for other people. If the workers can make other people happy, the workers will work harder. In the future, I want to work for other people like them. I tried a lot of things at the bakery, and that made me tired. However, the work experience was great because I was able to learn a lot and see a new world.

After I finished the work experience, I went to the bakery and bought bread. The taste was special and wonderful to me because I understood the feelings and the effort of the bakery workers.

（注）
bakery パン屋　bread パン　through ~ ~を通して　worker 働く人　dough （パンなどの)生地
shape ~ into … ~を…の形にする　ingredient 材料　amount 量　temperature 気温
humidity 湿度　taste 味　feeling 気持ち

[問い]

（1） 次の英文は，下線部①が指す内容について説明したものです。これを読んで，下の問い(a)・(b)に答えなさい。

> Mayumi enjoyed making the card, and one worker at Mugi understood that, so the worker loved Mayumi's card and became happy.　Also, the card showed ⬚ i ⬚.　Some customers bought the bread because they wanted to try it ⬚ ii ⬚ the card.

（a） 本文の内容から考えて，⬚ i ⬚ に入る表現として最も適切なものを，次のア〜エから１つ選びなさい。

　　ア　the customer's feelings about Mugi

　　イ　the worker's favorite bread

　　ウ　Mayumi's feelings about her favorite bread

　　エ　the bakery loved by many people

答え ［　　　　　］

（b） 本文の内容から考えて，⬚ ii ⬚ に入る表現として最も適切な部分を，本文中から２語で抜き出して書きなさい。

答え ［　　　　　　　　　］［　　　　　　　　　］

（2） 下線部②が指す内容として最も適当なものを，次のア〜エから１つ選びなさい。

　　ア　people visiting Mugi to buy bread

　　イ　people working at other bakeries

　　ウ　people writing the good points of bread

　　エ　people making bread to sell

答え ［　　　　　］

目標時間
20
分

対話文や英語の文章を読んで，その内容について書かれた文章やメモなどの空所をうめる問題。日記やメールなどの空所をうめる形式で出題されることもあるぞ。

解答：別冊 p.30

★右ページの読解問題について，下の指示にしたがって解いていきなさい。

HINT **！** ヒント

STEP 1
本文を最初から最後までざっと読み通して，どんなことが書かれているかをおおまかにつかもう。

STEP 2
本文に書かれていることについて，下の [　　　　] に日本語を書いてうめよう。

> 本文の内容は，次のような流れになっている。
>
> 第1段落：オサムさんが観光案内所で職場体験をすることになった話
> ↓
> 第2段落：職場体験の初日に観光案内所での仕事について教わった話
> ↓
> 第3段落：その翌日，[　　　　　　　　] が案内所に訪れたときの話
> ↓
> 第4段落：職場体験の最終日に，オサムさんが職場体験の感想とこれ
> ↓　　　　からしたいことをモリモトさんに言った話
>
> 第5段落：その1週間後，オサムさんは友達と英語の [　　　　　　]
> ↓　　　　をつくり，観光案内所のモリモトさんにそれを見せた話
>
> 第6段落以降：10年後，オサムさんが会社の同僚と観光案内所に行った話

STEP 3
問いについて，下の [　　　] に日本語を書いてうめよう。

> 問いの2文目の she は，[　　　　　　　　　　] のこと。
> また，そのあとの some ... for her parents は，同じ表現が本文の
> 第 [　　] 段落にあるので，そのあたりに書かれていることに注目する。

STEP 4
問いについて，下の [　　　] に日本語を書いてうめよう。

> 問いの2文目の he told her how to get to the shop は，
> [　　　　　　　　　　　　　　　　　　　　] という意味。
> その直後に続く he（　B　）は，the shop を説明（修飾）していると考えられる。その場合，he は「彼は／彼が」という意味で主語の役割をするので，（　B　）に入る語の品詞は [　　　] だと予想できる。

GOAL 5
右ページの [問い] に解答しよう。

答え　A[　　　　　　　]　B[　　　　　　　]

STEP 1
知らない単語があったときは，本文下の（注）を参考にする。そこに示されていない単語があっても，意味を推測しながらどんどん読み進めていこう。

STEP 2
各段落にどんなことが書かれているか，それぞれの要点をおさえておこう。

STEP 3
この she は，問いの英文の1文目に登場する人のことだから…。また，her parents（彼女の両親）のことは，本文中に1か所しか出てこないよ。

STEP 4
how to ～は「～のしかた」という意味。
品詞とは，英文中でのはたらきによって分類されたもので，名詞・代名詞・動詞・助動詞・形容詞・副詞・前置詞・接続詞・冠詞・間投詞がある。

GOAL 5
問いの英文の2文目の前半は，「彼女が両親のためにどこで some（　A　）を get すればいいかを彼にたずねたとき」という意味。
この文の最後の the shop he（　B　）は，「彼が（　B　）店」という意味。

わからないときは p.110 へ

読解問題

次の文章を読んで，あとの問いに答えなさい。 （三重県・改）

　　　Osamu is a high school student who lives in Wakaba Town.　Students of his school must have workplace experience for five days, and he decided to do it at a tourist information center.

　　　On the first day of his workplace experience, Ms. Morimoto, a woman working at the tourist information center, told Osamu what people working there usually do.　He thought they had a lot of things to do.　She showed him the local crafts sold there, and said, "These local crafts are made by people living in Wakaba Town. I want many tourists to learn about the town by selling them."　He said, "I agree.　I hope Wakaba Town will be popular among tourists."

　　　The next day, a foreign woman who came to Wakaba Town on business visited the tourist information center.　She saw some local crafts sold there.　She bought one of them because she thought it was beautiful. Then she asked, "I want to buy some food for my parents in London.　Can you tell me a good shop?"　Osamu said, "Sure."　He told her about his favorite shop.　He drew a map to show her where it was.　He said to her, "You can walk there.　It takes only 5 minutes."　He wanted to give her an English leaflet which had information about the shop, but there were not any.

　　　On the last day, Osamu said to Ms. Morimoto, "It was very interesting for me to work with you.　I've been in this town since I was born.　But I didn't know about the tourist information center."　He wanted to make an English leaflet about his favorite places in Wakaba Town for foreign tourists, and he told her about his idea. She said, "That's good.　Please show me when you finish making it."　He said, "Of course.　I'll do my best to make a leaflet that is useful for foreign people when they travel in this town."

　　　One week later, Osamu talked about his experience at the tourist information center in his class.　He told his classmates about making an English leaflet which tells foreign people about places to visit.　He asked some of his friends to help him.　When they finished making it, they went to see Ms. Morimoto and showed it to her.　She liked the leaflet they made.　She said, "We will give it to people who need information in English." They were very happy to hear that.

　　　(Ten years later)

　　　Osamu works in a company with many foreign people.

　　　One day in August, Osamu visited the tourist information center in his town with Ms. Lee.　She is from China, and started working in his company last week.　She looked at the leaflets written in different languages. She took a Chinese leaflet and said, "I think they are useful for people from other countries." He told her about the leaflet he made with his friends when he was a high school student.　He said, "I'm happy if foreign people can enjoy traveling in this town with these leaflets."

（注）
workplace experience　職場体験　　tourist information center　観光案内所　　local crafts　地元の工芸品
sold　sell の過去分詞形　　on business　仕事で　　leaflet(s)　ちらし

［問い］　本文の内容に合うように，下の英文の（　A　），（　B　）のそれぞれに入る最も適当な１語を，本文中から抜き出して書きなさい。

　　　Osamu met a woman from a foreign country during his workplace experience at the tourist information center.　When she asked him where to get some（　A　）for her parents, he told her how to get to the shop he（　B　）.

STEP 1 ひと通り読んで文章の全体像をつかむ

実際の試験では時間が限られているので，知らない単語や表現があってもあせらず，前後の内容から意味を推測しながら文章を読み進めよう。

STEP 2 また，文章全体がどんな流れ（構造）になっているかや，段落ごとにどのような内容が書かれているかをおさえよう。

STEP 3 問いの文の内容が本文中で書かれているところをさがす

キーワード（ここでは for her parents）を含む内容が本文中のどのあたりに書かれているかを思い出して，その部分を読み返す。内容を確認したら，問いの空所にどんなことばが入るかを考える。
この問題の本文には外国人女性の発言として，"I want to buy some food for my parents in London. Can you tell me a good shop?"（ロンドンにいる両親のために食品を買いたいのです。よいお店を私に教えてくれませんか。）とあるが，問いの文では buy の代わりに get が使われ，また場所をたずねる表現として where to ～（どこで～すればいいか）が使われていて，本文と表現が言いかえられている点に注意する。

STEP 4 空所の前後の内容と文の形から，どんなことばが入るかを考える

ここでも表現の言いかえに注意。本文中にはオサムさんの行動として，He told her about his favorite shop. とあるが，この内容を問いの文の形に言いかえなければならない。

ポイント
表現の言いかえに注意する！

本文と問いの文では，同じ内容が別の表現で書かれていることが多い。このとき，文の形としてどんなことばが（＝文法的にどの品詞が）空所に入るのかも考える。

GOAL 5 考えたことばを空所に入れて確認する

STEP 3・STEP 4 で考えたことばを空所に入れて，意味が通るか確認。

Osamu met a woman from a foreign country during his workplace experience at the tourist information center.　When she asked him where to get some （　A　） for her parents, he told her how to get to the shop he （　B　）.

オサムは観光案内所での職場体験の間に，外国から来た1人の女性に会いました。彼女が両親のために（　A　）をどこで買えばいいかを彼にたずねたとき，彼は，彼が（　B　）店への行き方を彼女に伝えました。

本文の日本語訳

Osamu is a high school student who lives in Wakaba Town.　Students of his school must have workplace experience for five days, and he decided to do it at a tourist information center.

オサムはワカバ町に住む高校生です。彼の学校の生徒は5日間職場体験をしなければならないのですが，彼は観光案内所でそれをすることにしました。

On the first day of his workplace experience, Ms. Morimoto, a woman working at the tourist information center, told Osamu what people working there usually do.　He thought they had a lot of things to do.　She showed him the local crafts sold there, and said, "These local crafts are made by people living in Wakaba Town. I want many tourists to learn about the town by selling them."　He said, "I agree.　I hope Wakaba Town will be popular among tourists."

職場体験の初日に，観光案内所で働いている女性のモリモトさんが，そこで働く人たちがふだん何をするかをオサムに教えました。そこの人たちは，しなくてはならないことがたくさんあると，彼は思いました。彼女は彼に，そこで売られている地元の工芸品を見せて，「これらの地元の工芸品はワカバ町に住んでいる人たちによってつくられているの。私はそれらを売ることで多くの観光客に町のことを知ってほしいの。」と言いました。彼は「僕もそう思います。ワカバ町が観光客の間で人気になることを望んでいます。」と言いました。

The next day, a foreign woman who came to Wakaba Town on business visited the tourist information center. She saw some local crafts sold there. She bought one of them because she thought it was beautiful. Then she asked, "I want to buy some food for my parents in London. Can you tell me a good shop?" Osamu said, "Sure." He told her about his favorite shop. He drew a map to show her where it was. He said to her, "You can walk there. It takes only 5 minutes." He wanted to give her an English leaflet which had information about the shop, but there were not any.

翌日，仕事でワカバ町に来た外国人女性が観光案内所を訪れました。彼女はそこで売られている地元の工芸品をいくつか見ました。彼女はそのうちの１つが美しいと思ったのでそれを買いました。それから彼女は「ロンドンにいる両親のために食品を買いたいのです。よいお店を私に教えてくれませんか。」とたずねました。オサムは「もちろんです。」と言いました。彼は彼女に自分のお気に入りの店について話しました。彼はその店がどこにあるのかを彼女に示すために地図を描きました。彼は彼女に「そこへは歩いて行けます。5分しかかかりません。」と言いました。彼は彼女に，その店についての情報が書かれた英語のちらしをあげたかったのですが，1枚もありませんでした。

On the last day, Osamu said to Ms. Morimoto, "It was very interesting for me to work with you. I've been in this town since I was born. But I didn't know about the tourist information center." He wanted to make an English leaflet about his favorite places in Wakaba Town for foreign tourists, and he told her about his idea. She said, "That's good. Please show me when you finish making it." He said, "Of course. I'll do my best to make a leaflet that is useful for foreign people when they travel in this town."

最終日，オサムはモリモトさんに「僕にとってみなさんと働くことはとてもおもしろかったです。僕は生まれてからずっとこの町にいます。でも観光案内所のことは知りませんでした。」と言いました。彼はワカバ町の彼のお気に入りの場所に関する英語のちらしを外国人観光客のためにつくりたいと思い，そのアイデアについて彼女に伝えました。彼女は「それはいいですね。それをつくり終えたら私に見せてください。」と言いました。彼は「もちろんです。外国の人たちがこの町を旅行するときに，彼らの役に立つちらしをつくるためにベストを尽くします。」と言いました。

One week later, Osamu talked about his experience at the tourist information center in his class. He told his classmates about making an English leaflet which tells foreign people about places to visit. He asked some of his friends to help him. When they finished making it, they went to see Ms. Morimoto and showed it to her. She liked the leaflet they made. She said, "We will give it to people who need information in English." They were very happy to hear that.

1週間後，オサムは観光案内所での体験について彼のクラスで話しました。彼は同級生に，外国の人たちに訪れるべき場所について伝える英語のちらしをつくることについて話しました。彼は友達の何人かに手伝ってくれるよう頼みました。彼らがそれをつくり終えたとき，彼らはモリモトさんに会いに行き，彼女にそれを見せました。彼女は彼らがつくったちらしを気に入りました。彼女は「私たちは英語で情報が必要な人たちにそれを渡しますね。」と言いました。彼らはそれを聞いてとてもうれしく思いました。

(Ten years later)
Osamu works in a company with many foreign people.
One day in August, Osamu visited the tourist information center in his town with Ms. Lee. She is from China, and started working in his company last week. She looked at the leaflets written in different languages. She took a Chinese leaflet and said, "I think they are useful for people from other countries." He told her about the leaflet he made with his friends when he was a high school student. He said, "I'm happy if foreign people can enjoy traveling in this town with these leaflets."

（10年後）
オサムは多くの外国人とともに会社で働いています。
8月のある日，オサムはリーさんと彼の町にある観光案内所を訪れました。彼女は中国出身で，先週彼の会社で働き始めました。彼女は異なる言語で書かれたちらしを見ました。彼女は中国語のちらしをとって「ほかの国から来た人たちにとってそれらは役に立つと思います。」と言いました。彼は高校生のときに友達とつくったちらしのことを彼女に伝えました。彼は「外国の人たちがこれらのちらしを持って，この町を旅行することを楽しんでくれたらうれしいよ。」と言いました。

補習問題

1 高校に入学した智（Satoshi）と留学生のアマンダ（Amanda）が話しています。次の対話文を読んで，あとの
問いに答えなさい。
（愛知県・改）

Satoshi ： Hello, Amanda.　I'm working on my report.　Can I ask you some questions?

Amanda: Of course.　What is your report about?

Satoshi ： It's about smartphones.

Amanda: Sounds exciting.　I know a lot of people use smartphones in their daily lives.

Satoshi ： Yes, smartphones are very popular today.　Now, some high school students can use smartphones in the classroom.　I think this topic is interesting.　What do you think about it?

Amanda: Well, I think there are both good points and bad points.

Satoshi ： I agree.　I want to know about the good points first.

Amanda: These days, most high school students have a smartphone.　They have easy access to the internet.　If the students can use smartphones in the classroom, their school life is more convenient than before.

Satoshi ： I don't understand your point.　Could you give me an example?

Amanda: Sure!　For example, students can surf the internet and work on classroom activities more effectively.　Sharing information with classmates and teachers is easy.　Using the internet from your smartphones is the fastest.

Satoshi ： I understand.　What else can students do with their smartphones?

Amanda: Well, students can find and watch videos about a variety of topics.　They can even use it as a calculator or for taking notes in the classroom.　A smartphone can be useful for learning.

Satoshi ： Well, what do you think about the bad points?

Amanda: I think that it's easy for students to lose focus when they use a smartphone.　They play games and do various things that are not related to school work.　If students cannot use their smartphone properly, there will be a lot of problems in the classroom.　This situation will make other people uncomfortable.

Satoshi ： Thank you for sharing your opinion.　It helped me a lot.　I understand what you think.　We should know how to use smartphones properly.

Amanda: You're welcome.　I'm glad to hear that.

（注）
access　アクセス（情報システムへの接続）　　effectively　効率よく　　calculator　計算機
notes　メモ，覚え書き　　focus　集中　　properly　適切に

[問い] 次の英文は，この対話があった日の夜，智が英語の授業で発表するために書いたスピーチ原稿です。この原稿が対話文の内容に合うように，英文中の（ X ），（ Y ）にそれぞれあてはまる最も適当な語を書きなさい。

Using smartphones in high school

I want to talk about using smartphones in high school. Some high school students can use smartphones in their classroom. I'm interested in this topic. So, I decided to ask Amanda about her opinion.

According to her, there are both good points and bad points. Students can find more information from the internet. They can also (X) the information with their classmates and teachers easily. However, if they lose focus, they may start playing games.

I learned from her opinion. I think it is (Y) for us to use smartphones properly. Thank you.

答え X[   ]

　　 Y[   ]

44. 本文の内容に合う英文を選ぶ

英語の文章を読んだあと，その内容に合う英文を選択肢から選ぶ問題は，非常によく出題される形式だよ。

解答：別冊 p.31

★右ページの読解問題について，下の指示にしたがって解いていきなさい。

STEP 1
本文を最初から最後までざっと読み通して，どんなことが書かれているかをおおまかにつかもう。

STEP 2
第1段落に書かれていたことについて，下の［　　　］に日本語を書いてうめよう。

真理さんはスピーチで日本とアメリカの［　　　　　　　　　］について，［　　］つのことを話すと述べている。

STEP 3
第2段落に書かれていたことについて，下の［　　　］に日本語を書いてうめよう。

ジェニファーさんが日本食のレストランで出された［　　　　　　　］に驚いたこと述べている。

STEP 4
第3段落に書かれていたことについて，下の［　　　］に日本語を書いてうめよう。

真理さんが［　　　　　　　］をしたときに，ジェニファーさんがかけてくれたことばについて述べている。

STEP 5
第4段落に書かれていたことについて，下の［　　　］に日本語を書いてうめよう。

真理さんはジェニファーさんと過ごした体験を通じて，［　　　　　］を学ぶことに興味をもったと述べている。そして，日本文化を紹介するためにも高校では［　　　　　　　］を一生懸命に勉強したいと思っていると述べている。

GOAL 6
右ページの［問い］に挑戦しよう。

答え ［　　　　　］［　　　　　　　］

ヒント

STEP 1
知らない単語は本文下の（注）を参考にする。そこに示されていない単語があっても，意味を推測しながら読み進んでいき，文章全体の内容をつかもう。

STEP 2
設問文に書かれていることも手がかりにしながら，この文章のテーマはどんなことなのかを第1段落でつかもう。

STEP 3
First, で始まっているので，第1段落に「2つについて話す」とあるうちの1つ目の例を述べている。

STEP 4
Second, で始まっているので，2つ目の例を述べている。

STEP 5
スピーチの締めくくりとして，結論が書かれている。

GOAL 6
それぞれの選択肢の内容を正確に読み取り，その内容が書かれている本文の箇所を確認し直そう。

わからないときは p.116 へ

読解問題

真理（Mari）さんは，英語の授業でアメリカ出身のジェニファー（Jennifer）さんとのエピソードについて英語でスピーチをしました。その原稿を読んで，あとの問いに答えなさい。 （富山県・改）

　　　　Hello, everyone.　Last year an American girl stayed with my family for three weeks.　Her name was Jennifer.　When she was in Japan, both of us were surprised to learn a lot of *cultural differences between the U.S. and Japan.　Today, I'll talk about two of them.

　　　　First, when Jennifer went to a Japanese restaurant with my family, she was surprised to get a warm *oshibori* and said, "This is very nice!　I've never seen this in the U.S."　We usually get *oshibori* at a restaurant in Japan, but that was a special thing for Jennifer.　She said, "American restaurants think that *customers should wash their hands so there are no *oshibori*.　*Instead, there are *napkins to clean their mouth and hands when customers eat."　When I told her that *oshibori* is warm in winter and cold in summer, she said, "Great!　That shows Japanese *hospitality.　I love *oshibori* so much.　I hope to use it in the U.S."　I was glad to hear that.

　　　　Second, when Jennifer and I were at home, I *sneezed.　Jennifer said to me, "*Bless you."　I was surprised to hear that, so she told me what it *meant.　In the U.S., people usually say, "Bless you" when someone sneezes.　They say it to hope you *stay healthy and don't get sick.　Also, the person who sneezed says, "Thank you."　I think it is good *manners.　In Japan, when someone sneezes, people don't say anything special, but American people say such kind words to each other.

　　　　Her stay in Japan was short, but I had a good time with Jennifer.　I learned many things from her. Different countries have different manners.　I can't say which one is better, but learning cultural differences was very interesting to me.　I think I can learn more about them if I go abroad and meet many people there.　I want to show and tell Japanese culture to let them know about it.　I have been practicing *Shishimai*, Japanese lion dance, since I was a small child, so I want to show it to people there.　I also want to talk about its history in English.　So I want to study English hard when I go to high school.

　　　　Thank you for listening.

（注）

cultural difference　文化の違い　　customer　客　　　instead　その代わりに　　　napkin　テーブルナプキン
hospitality　おもてなし　　sneeze　くしゃみをする　　bless you　お大事に　　meant　mean の過去形
stay healthy　健康を保つ　　manners　風習

［問い］　このスピーチの内容に合うものを，次のア〜オから 2 つ選んで記号で答えなさい。

ア　American people don't have *oshibori* but have napkins to clean their mouth and hands when they eat at restaurants.

イ　Jennifer liked *oshibori* so much, but she did not want to use it when she went back to the U.S.

ウ　When Mari sneezed, Jennifer said, "Bless you" to her and Mari said, "Thank you" to Jennifer.

エ　When Jennifer learned Japanese people don't say anything when someone sneezes, she thought they didn't have good manners and felt sad.

オ　Mari wants the people in other countries to know about Japanese culture, so she is going to talk about the history of *Shishimai* in English.

STEP 1 ひと通り読んで文章の全体像をつかむ

実際の試験では時間が限られているので，知らない単語や表現があってもあせらず，前後の内容から意味を推測しながら文章を読み進めよう。

また，文章全体がどんな流れ（構造）になっているのかを，段落のはじめのことば(First, や Second, など)をヒントに読み進めよう。

ポイント
本文の内容と合う選択肢を
選ぶ読解問題

　まずは，知らない単語や表現があっても，その部分は推測しながら読み進めて，とにかくひと通り読み，文章全体の内容をつかもう。

　そのあとは，各選択肢の内容を確認するために，本文に戻って英文を読み直そう。

　選択肢の中には，部分的に内容が違うものや，本文中には書かれていないがもっともらしく書かれたものなども含まれているので，注意が必要。

STEP 3 実際に起こったことや感想・主張などを正確に読み取る

キーワード(oshibori や Bless you. など)に注目しながら，登場人物が実際にしたことや言ったことなどを正確に読み取ろう。また，どのあたりにどのようなことが書かれているか覚えておこう。

STEP 4

GOAL 6 選択肢の英文の内容をきちんと理解して，
本文の該当箇所を再チェックする

選択肢の英文の内容と，本文中の内容が合っているかを照らし合わせる。同じ内容を，本文と選択肢では違う表現で表していることもあるので，全く同じ表現でなくても内容が同じかどうかを判別すること。

ア American people don't have *oshibori* but have napkins to clean their mouth and hands when they eat at restaurants.

アメリカの人々にはおしぼりはないが，レストランで食事するときに口や手をきれいにするためのテーブルナプキンはある。
→第2段落の後半を再チェック！

イ Jennifer liked *oshibori* so much, but she did not want to use it when she went back to the U.S.

ジェニファーさんはおしぼりをとても気に入ったが，アメリカに戻ったときにそれを使いたくはなかった。
→第2段落の最後のほうを再チェック！

ウ When Mari sneezed, Jennifer said, "Bless you" to her and Mari said, "Thank you" to Jennifer.

真理さんがくしゃみをしたとき，ジェニファーさんは彼女に「お大事に」と言って，真理さんはジェニファーさんに「ありがとう」と言った。
→第3段落を再チェック！　真理さんが「Bless you.」と言われて，どうしたかを確認する。

エ When Jennifer learned Japanese people don't say anything when someone sneezes, she thought they didn't have good manners and felt sad.

ジェニファーさんは，だれかがくしゃみをしたときに日本の人たちが何も言わないと知ったとき，日本人にはよい風習がないと思って悲しく感じた。
→第3段落を再チェック！　ジェニファーさんが悲しく感じたと書かれているところがあるか確認する。

オ Mari wants the people in other countries to know about Japanese culture, so she is going to talk about the history of *Shishimai* in English.

真理さんは外国の人たちに日本文化について知ってもらいたいので，英語で獅子舞の歴史について話すつもりでいる。
→第4段落の後半を再チェック！

本文の日本語訳

Hello, everyone.　Last year an American girl stayed with my family for three weeks.　Her name was Jennifer.　When she was in Japan, both of us were surprised to learn a lot of cultural differences between the U.S. and Japan.　Today, I'll talk about two of them.

みなさん，こんにちは。昨年，アメリカ人の女の子が私の家族のところに 3 週間滞在しました。彼女の名前はジェニファーでした。彼女が日本にいたとき，私たちは 2 人ともアメリカと日本の文化の違いをたくさん知って驚きました。今日は，その中の 2 つのことについてお話しします。

First, when Jennifer went to a Japanese restaurant with my family, she was surprised to get a warm *oshibori* and said, "This is very nice!　I've never seen this in the U.S."　We usually get *oshibori* at a restaurant in Japan, but that was a special thing for Jennifer.　She said, "American restaurants think that customers should wash their hands so there are no *oshibori*.　Instead, there are napkins to clean their mouth and hands when customers eat."　When I told her that *oshibori* is warm in winter and cold in summer, she said, "Great!　That shows Japanese hospitality.　I love *oshibori* so much.　I hope to use it in the U.S."　I was glad to hear that.

まず，ジェニファーが私の家族と日本食のレストランに行ったとき，彼女は温かいおしぼりをもらったことに驚いて，「これはとてもいいですね！　アメリカではこれを見たことが一度もありません。」と言いました。私たちは日本のレストランではたいていおしぼりをもらいますが，ジェニファーにとっては特別なことだったのです。彼女は「アメリカのレストランは，お客さんが手を洗うはずだと考えているので，おしぼりはないのです。その代わりに，お客さんが食事をするときに口や手をきれいにするためのテーブルナプキンがあります。」と言いました。私が彼女に，おしぼりは冬には温かく夏には冷たいと伝えると，彼女は「すばらしい！　それは日本のおもてなしを表していますね。私はおしぼりが大好きです。アメリカで使えたらなと思います。」と言いました。私はそれを聞いてうれしかったです。

Second, when Jennifer and I were at home, I sneezed.　Jennifer said to me, "Bless you."　I was surprised to hear that, so she told me what it meant.　In the U.S., people usually say, "Bless you" when someone sneezes.　They say it to hope you stay healthy and don't get sick.　Also, the person who sneezed says, "Thank you."　I think it is good manners.　In Japan, when someone sneezes, people don't say anything special, but American people say such kind words to each other.

次に，ジェニファーと私が家にいたとき，私はくしゃみをしました。ジェニファーは私に「Bless you.（お大事に。）」と言いました。私がそれを聞いて驚いたので，彼女はそれがどんな意味なのかを教えてくれました。アメリカでは，だれかがくしゃみをすると，人はふつう「Bless you」と言います。彼らは相手が健康を保って病気にかからないよう願ってそう言うのです。また，くしゃみをした人は「ありがとう。」と言います。私は，それはよい風習だと思います。日本では，だれかがくしゃみをしても，人は何か特別なことを言いませんが，アメリカの人たちはそのような優しいことばをお互いに言い合います。

Her stay in Japan was short, but I had a good time with Jennifer.　I learned many things from her.　Different countries have different manners.　I can't say which one is better, but learning cultural differences was very interesting to me.　I think I can learn more about them if I go abroad and meet many people there.　I want to show and tell Japanese culture to let them know about it.　I have been practicing *Shishimai*, Japanese lion dance, since I was a small child, so I want to show it to people there.　I also want to talk about its history in English.　So I want to study English hard when I go to high school.
　　Thank you for listening.

ジェニファーの日本での滞在は短かったのですが，私は彼女と楽しい時間を過ごしました。彼女から私は多くのことを学びました。異なる国には異なる風習があります。どちらのほうがよりよいとは言えませんが，私には文化の違いを学ぶことは，とても興味深いことでした。私は外国に行って，そこでたくさんの人々と会えば，そのことについてもっと学ぶことができると思います。私は彼らに日本文化について知ってもらうために，日本文化を見せて話したいです。私は子どものころから獅子舞（日本のライオンダンス）を練習しているので，それを外国の人々に見せたいです。私はまた，その歴史についても英語で話したいです。だから，私は高校に行ったら英語を一生懸命に勉強したいです。
　　ご清聴ありがとうございました。

1 次の英文を読んで，あとの問いに答えなさい。なお，あとの(注)を参考にしなさい。 （長崎県・改）

　　Eri was a junior high school student in a small town, and she liked English very much, so she studied it hard every day.　She was a member of the English club, and enjoyed speaking with her friends and teachers in English.　But she didn't have many chances to use English in her town.　She always thought she needed to go to a foreign country to practice using English.　She liked her town, but she really wanted to go abroad soon.

　　One day, Eri's mother asked her to go to a café with her.　It was not so big and she didn't think it was special.　But when they entered the café, Eri was surprised.　All the people working there were speaking English!　Then, one of them, a Japanese man, spoke to Eri and her mother.　"Thank you for coming.　My name is Yamada, the owner of this 'English café'.　The people helping me here are from foreign countries.　Please enjoy talking with them."　"Thank you, I will!" Eri said.　She was excited to have a chance to talk in English.　She spoke to a man in English.　He was friendly, and said, "I am from Singapore, and they are from France and Korea."　She asked, "Why did you come to this town?"　He said, "I found Mr. Yamada's website, and it showed many good things about this town.　I also found that I could stay here for a few weeks.　I really liked this idea.　Mr. Yamada is kind, and I enjoy staying here."　His story was very interesting to Eri.　She enjoyed talking with him about many things in English.

　　The next week, Eri visited the café again to ask Mr. Yamada about his website.　He said, "I opened this café three years ago, and I also started writing about it and this town in English on my website every day.　Gradually, more foreign people looked at it, and started sending me messages.　I always say that they can stay at my house if they do two things."　"What are the two things?" Eri asked.　"They need to help me at the café.　They also need to take pictures at many places in this town and put them on the Internet," Mr. Yamada said.　"Very interesting!　They can attract new foreign people to our town.　Why did you start working in this small town?" Eri said.　Mr. Yamada said, "This is my hometown.　When I was a student, I really liked English, so I studied hard every day.　I worked in Australia for five years.　I enjoyed the life there, but I started to think about my hometown more deeply.　It has warm people, beautiful nature, and an interesting history.　I wanted many people around the world to know that our hometown is wonderful.　So I decided to come back and work here.　Now, many people check my website and visit this town.　They say that they like it very much.　I feel really happy and I am proud of it.　Eri, you can do something special in this small town.　Of course, going abroad will be a great experience, but before that, I want you to look at the wonderful things around you.　If you use English and the Internet, you can share them with people around the world.　You can make friends all over the world and make your English better even in this small town!"　Mr. Yamada's idea was really new to her.

　　That night, Eri told her mother about Mr. Yamada, and checked his website together.　He showed a lot of wonderful things about the town.　Eri learned many new things about it.　Her mother said, "Eri, Mr. Yamada taught you many things about the town.　Now you should go and see many things in this town and share them with other people.　If more people know good things about the town, it will be a better place."　"That's a nice idea!　First, I will speak about Mr. Yamada and my town in the next English speech contest!" Eri said.

（注）
café　カフェ　　owner　店長　　Singapore　シンガポール　　France　フランス　　Korea　韓国
website　ウェブサイト，ホームページ　　gradually　だんだんと　　attract ～　～をひきつける
hometown　故郷　　deeply　深く　　nature　自然　　be proud of ～　～を誇りに思う

〔問1〕　次の質問に対する答えとして最も適当なものをア〜エの中から1つ選んで，その記号を書きなさい。

What did Eri think about her hometown before visiting the café for the first time?

ア　There were a lot of good places for taking pictures.

イ　She could not make her English better there.

ウ　There were not so many places to visit on weekends.

エ　She liked it so much that she did not want to leave there.

答え〔　　　　　〕

〔問2〕　本文の内容と一致するものを次のア〜オから2つ選んで，その記号を書きなさい。

ア　Eri studied English very hard at school and wanted more chances to practice English.

イ　Eri was too nervous to talk with a man from Singapore when she met him in the café.

ウ　Eri decided to visit the café again to learn how to study English from Mr. Yamada.

エ　Mr. Yamada likes his hometown very much, so he has lived there since he was born.

オ　Eri learned that there was a good way to use English even in her town.

答え〔　　　　　〕〔　　　　　〕

本書に関するアンケートにご協力ください。
右のコードか URL からアクセスし、以下のアンケート番号を
入力してご回答ください。
当事業部に届いたものの中から抽選で年間 200 名様に、
「図書カードネットギフト」500 円分をプレゼントいたします。

アンケート番号：305703　　https://ieben.gakken.jp/qr/tiisaku/

小さく分けて解く 高校入試 英語

編集協力　宮崎史子　阿部幸弘　上保匡代　小縣宏行
　　　　　菊地あゆ子　小森里美　佐藤美穂　敦賀亜希子
　　　　　三代和彦　村西厚子　森田桂子　脇田聡
　　　　　Joseph Tabolt
ブックデザイン　minna
カバーイラスト　徳永明子
本文イラスト　徳永明子　合資会社イラストメーカーズ
音声録音　財団法人英語教育協議会（ELEC）
ナレーター　Howard Colefield　Jennifer Okano　水月優希
DTP　株式会社明昌堂
　　　データ管理コード 22 - 2031 - 3628（2022）

この本は下記のように環境に配慮して製作しました。
・製版フィルムを使用しない CTP 方式で印刷しました。
・環境に配慮して作られた紙を使用しています。

小さく分けて解く高校入試 英語

解答と解説

Gakken

01　be 動詞の文

本冊 p.9・10

解答

❶ ウ　❷ エ
❸ Is / she isn't[she's not]
❹ was, were[stayed]
❺(1) イ　　(2) イ

- 補習問題 -
①(1) イ　　(2) ウ

❸ be 動詞の疑問文は be 動詞を主語の前に置く。応答でも be 動詞を使う。
❹ 過去の文なので be 動詞の過去形を使う。be 動詞の過去形は，主語が it のときは was，we のときは were。
❺(1) 主語は your favorite song で単数なので，be 動詞は is が適切。(2) 主語は One of the boys you met at the party yesterday(あなたが昨日パーティーで会った男の子たちの 1 人)で，単数なので，be 動詞は is が適切。

補習問題

①(1) 主語は These で複数なので，be 動詞は are が適切。(2) 主語は those textbooks で複数なので，be 動詞は are が適切。be 動詞の疑問文は be 動詞を主語の前に置く。

02　一般動詞の文

本冊 p.11・12

解答

❶ goes　❷ ウ　❸ Does / he doesn't
❹ went, didn't　❺(1) イ　　(2) イ

- 補習問題 -
① bought
② do you have any bags for my

❸ 一般動詞の現在の疑問文。Do か Does(主語が 3 人称単数のとき)を主語の前に置く。応答でも do / does を使う。
❺(2) 直前の yesterday(昨日)から過去の話。過去の疑問文にする。対話文の意味は次の通り。
A：昨日，私は友達と楽しい時を過ごしました。
B：あなたは何をしたのですか。
A：わくわくする映画を彼らと見ました。

補習問題

各対話文の意味は次の通り。
①A：あなたのかばんはきれいです。

B：ありがとうございます！　先週，母が私にそれを買ってくれました。
②A：何かお探しですか。
B：ええと，私の姉[妹]向きのかばんはありますか。
A：はい。このかばんは若い女の子たちの間でとても人気があります。

03　進行形の文

本冊 p.13・14

解答

❶ イ　❷ having　❸ ウ
❹ Are they / are　❺(1) ウ　　(2) エ

- 補習問題 -
① talking　② is it raining

❸ know(知っている)は〈状態〉を表す動詞で，進行形にはしない。主語が 3 人称単数なので注意。
❹ 進行形の疑問文は be 動詞を主語の前に置く。
❺(2) B が過去進行形で応答しているので過去進行形の疑問文に。対話文の意味は次の通り。
A：1 時間ほど前にあなたに電話しましたが，あなたは出ませんでした。そのとき何をしていましたか。
B：すみません。お風呂に入っていました。

補習問題

各対話文の意味は次の通り。
①A：私があなたを駅で見かけたとき，あなたは背の高い男性と話していました。あの男性はだれだったのですか。
B：彼は私のおじでした。彼は私と私の家族に会いにシドニーから来ました。
②A：お母さん，外では雨が降っていますか。
B：はい。あなたの傘を持っていきなさい。

04　疑問詞の疑問文と答え方

本冊 p.15・16

解答

❶ イ　❷ ア　❸ did you buy[get]
❹ Who went　❺(1) エ　　(2) ウ

- 補習問題 -
① オ，イ，ウ，ア，エ　② イ

❹ 疑問詞が主語のときは，〈疑問詞＋(助動詞＋)動詞 〜?〉の語順になる。

⑤ 直後の応答に注目して，適切な疑問詞を選ぶ。各対話文の意味は次の通り。

(1) ミク：こんにちは，ジョセフ。今日は元気？

ジョセフ：元気だよ，ありがとう，ミク。きみはどこに行くところ？

ミク：子育て支援センターに行くところだよ。

(2) A：教室をそうじしよう。

B：いいよ。あ，机の上に辞書がある。

A：だれの辞書かな。

B：トニーのだ。彼の名前が書いてある。

[補習問題]

⓵ 直後でBが「彼女は19歳で，私より4歳年上です。」と年齢を答えている。年齢は How old ～? でたずねる。How old is your sister?（あなたのお姉さんは何歳ですか。）という文にする。

⓶ 文の最後に rice or bread（ご飯かパン）とあることに注目。Which（どちら）を入れるのが適切。「あなたは朝食にご飯とパンのどちらを食べますか。」

05 助動詞の文①

本冊 p.17・18

[解答]

❶ can't[cannot], can　　❷ ア
❸ Can you / can　　❹ Can[May / Could] I
❺ Can[Will / Could / Would] you
❻ can you help me with

- 補習問題 -
⓵ エ　　⓶ ア

④「～してもいいですか」は Can[May / Could] I ～?。

⑤「～してもらえますか」は Can[Will] you ～?。ていねいな言い方は Could[Would] you ～?。

⑥ 依頼する文をつくる。対話文の意味は次の通り。

A：ダニエル，私の宿題を手伝ってくれる？

B：いいよ。（きみのために）何をしようか。

A：あなたの国について，あなたにたずねたいの。

B：いいよ。

[補習問題]

⓵ 対話文の意味は次の通り。

A：何をしているの，テッド？

B：あ，サキ。ぼくの自転車のかぎをさがしているんだ。でも見つけられない。

⓶「～してもいいですか」は May[Can / Could] I ～?。

06 助動詞の文②

本冊 p.19・20

[解答]

❶ イ　　❷ ウ，ア，イ　　❸ ウ
❹ Do, have　　❺ エ　　❻ ウ

- 補習問題 -
⓵ オ，ウ，イ，ア，エ　　⓶ ア

② What should I do? という文にする。

⑤「～しなくてもいい」は don't[doesn't] have to ～。アの must not は「～してはいけない」。

⑥ you don't have to bring anything となる。

A：私はパーティーに何か持っていくべきですか。

B：すべて準備ができているので，あなたは何も持ってこなくていいですよ。

[補習問題]

⓵ We don't have to wait for him. という文にする。対話文の意味は次の通り。

A：アンディが遅れています。私たちはどうするべきですか。

B：私たちは彼を待つ必要はありません。心配しないでください。彼は次の電車に乗るでしょう。

⓶「～してはいけない」は mustn't[must not] を動詞の前に置く。

07 未来の文

本冊 p.21・22

[解答]

❶ ウ　　❷ I'll　　❸ Will / he won't[he'll not]
❹ are going / are, going
❺ Will[Can / Could / Would] you
❻ When will you come back

- 補習問題 -
⓵（例）What time will it

③ won't は will not の短縮形。

④ be going to ～の疑問文は be 動詞を主語の前に。ここでは going のかわりに planning でもよい。

⑥ 疑問詞で始めて，あとに will you ～? の疑問文を続ける。対話文の意味は次の通り。

A：来週，私は英語を勉強するためにカナダに行く予定です。

B：本当ですか。いつ日本に帰ってくるのですか。

補習問題

1 直後で「午後2時に。」と答えているので，What time 〜?の疑問文にする。What time does it (start?)や What time is it going to (start?)などでもよい。また，What time は When でもよい。対話文の意味は次の通り。

ハルキ：次の日曜日，私たちの学校の吹奏楽部がコンサートを開きます。あなたはそれを知っていましたか。

スミス先生：いいえ，知りませんでした。おもしろそうですね。それは何時に始まるのですか。

ハルキ：午後2時です。このちらしを差し上げます。

スミス先生：ありがとう。私は行けると思います。

ハルキ：よかった！　それを聞いたら部員は喜ぶでしょう。

---

08 「〜がある」を表す文

本冊
p.23・24

解答

❶ イ　❷ ウ　❸ is　❹ no
❺ Is there / there is
❻ (1) there are a lot of people
　 (2) He is over there

- 補習問題 -

1 were　　2 potatoes are there in the box

❺ There is[are] 〜. の疑問文は be 動詞で始める。

❻ (2) 特定の人物が「（ある場所に）いる」は〈be 動詞＋場所を表す語句〉で表す。over there で「あそこに，向こうに」。各対話文の意味は次の通り。

(1) A：わあ，あのカフェの前にたくさんの人がいます。

B：ああ，新しいカフェですね。若い人たちの間で人気なんです。

(2) A：私はケンタをさがしています。

B：見てください。彼はあそこにいます。木の下で眠っています。

補習問題

1 後ろが many trees という複数形の名詞で，20 years ago とあるので過去の文。対話文の意味は次の通り。

A：20 年前，この辺りには多くの木がありました。

B：本当ですか。今は私たちには高い建物しか見えません。

2 How many（いくつの）のあとに複数形の名詞 potatoes を続け，そのあとに疑問文を続ける。対話文の意味は次の通り。

A：箱にはいくつのじゃがいもがありますか。

B：3 つです。お店でもう少し買います。

---

09 「〜すること」を表す不定詞・動名詞

本冊
p.25・26

解答

❶ ウ　❷ ア　❸ to think　❹ to live
❺ cooking[making] curry
❻ (1) ウ，ア，エ，イ
　 (2) ウ，イ，エ，ア

- 補習問題 -

1 running　　2 3番目：6　5番目：2

❺ How about 〜ing …? で「〜するのはどうですか」。

❻ (1) start 〜ing で「〜し始める」。(2) to go shopping で「買い物に行くこと」。各対話文の意味は次の通り。

(1) A：ケン，傘を持っていきなさい。雨が降っています。

B：そうなんですか。いつ雨が降り始めたのですか。

A：1 時間ほど前です。

(2) A：この週末のあなたの予定は何ですか。

B：私の予定は姉[妹]と買い物に行くことです。

補習問題

1 stop は〜ing を目的語にする。対話文の意味は次の通り。

A：あなたはなぜ走るのをやめたのですか。

B：私には遠すぎました。本当に疲れています。

2 (　　)内の語順は did you want to be となる。不要な語は work。対話文の意味は次の通り。

A：あなたは子どものとき何になりたかったのですか。

B：医師です。私は多くの人を助けることに興味がありました。

---

10 「〜するために」「〜するための」を表す不定詞

本冊
p.27・28

解答

❶ イ　❷ エ　❸ to read
❹ To play　❺ イ，ア，ウ[ア，ウ，イ]
❻ happy to hear that

- 補習問題 -

1 me something to drink
2 （例）I want to leave home[the house] in the morning to stay there for a long time.

❷ something（何か）を to eat（食べるための）が後ろから修飾。「食べるための何か→何か食べるもの」。

❺ homework to do today で「今日するべき宿題」。to do today（今日するべき）が後ろから homework を修飾する形。I have to do homework today. という文にしてもよい。

⑥ 感情を表す happy のあとに，to hear that（それを聞いて）という感情の原因を続ける。

補習問題

① give me 〜で「私に〜をくれる」。「〜」の部分に something to drink(何か飲むもの)がくるようにする。対話文の意味は次の通り。

A：私は野球をとても一生懸命に練習しました。

B：わあ，そうでしたか。

A：とても疲れています。何か飲むものをいただけますか。

B：いいですよ。

② 「私は〜したい」を表す I want to で文を始め，「午前中に家を出発する」を表す leave home in the morning を続ける。最後に「〜するために」を to 〜で表して続ける。

11 その他の不定詞の表現

本冊
p.29・30

解答

① エ　② ア　③ watch
④ イ，ウ，ア
⑤ (1) is difficult to explain
　 (2) Yuji helped me do

- 補習問題 -

① know where to put
② 3番目：4　5番目：1

② 「(人)に〜してほしい」は〈want +(人)+ to 〜〉。

③ 「(人)に〜させる[させてやる]」は〈let +(人)+動詞の原形〉。

④ 「〜のしかた」は how to 〜。

⑤ (1)「〜することは…だ」は It … to 〜. で表す。
(2)「(人)が〜するのを手伝う」は〈help +(人)+動詞の原形〉で表すことができる。

補習問題

① where to put（どこに置くか）を know の目的語にする。対話文の意味は次の通り。

A：リサ，私はこの箱をどこに置けばいいかわかりません。

B：あ，あの机の上に置いてください。

A：わかりました。

② (　)内は want me to open that となる。不要な語は think。Do you want me to 〜?（あなたは私に〜してほしいですか。）は「私が〜しましょうか。」と申し出る表現にもなる。対話文の意味は次の通り。

A：私があのドアを開けましょうか。

B：ありがとうございます。あなたはとても親切です。

12 比較の文

本冊
p.31・32

解答

① イ　② earliest　③ as big
④ イ，ア，ウ　⑤ better than
⑥ (1) イ　(2) エ

- 補習問題 -

① is the highest mountain in　② ア

② early（早く）を最上級にする。〈子音字＋ y〉で終わる語は，y を i に変えて -est をつける。

⑤ 「…より〜のほうが好き」は like 〜 better than …。better の代わりに more を使うこともある。

⑥ (2) 英文の意味は「あなたはどの学校行事がいちばん好きですか」。like 〜 the best（〜がいちばん好き）の疑問文。ウは，than（〜より）のあとにくる語がないので空所に入らない。

補習問題

① 英文の意味は「富士山は日本でいちばん高い山です」。

② 対話文の意味は次の通り。下線部の情報に合うグラフを選ぶ。

シン：見て。東京がいちばん人気の場所だよ。

メアリー：私はとても沖縄に行きたいけど，生徒の10%しかそこに行きたいと思っていないんだね。たぶん多くの生徒は大都市を訪れたいんだね。大阪は東京とほとんど同じくらい人気だよ。

シン：そうか，でもぼくは将来，北海道でスキーをしたいな。

13 受け身の文

本冊
p.33・34

解答

① エ　② taken　③ wasn't
④ Is, seen / it is
⑤ was written by a famous writer

- 補習問題 -

① イ　② 3番目：4　5番目：3

④ 受け身の疑問文は，be 動詞を主語の前に出す。過去分詞はそのまま，原形に変えたりしない。

⑤ was written で「書かれた」とし，残った語句で by a famous writer(有名な作家によって)をつくって続ける。対話文の意味は次の通り。

ダニエル：何をしているの？

フレッド：日本の小説を読んでいるんだ。有名な作家によって書かれたものだよ。

ダニエル：わあ！　日本語が読めるの？

フレッド：うん。

補習問題

1 空所の前が She's で，あとが by … people(…人々によっ
て)なので受け身の文。過去分詞を選ぶ。

A：あなたはこの歌手を知っていますか。

B：はい，もちろん。彼女はとても人気です。彼女は私の国の
　　多くの若い人たちに好かれています。

A：へえ，そうなんですか。

2 (　　)内は spoken by many people as となる。不要な語
は uses。対話文の意味は次の通り。

A：世界中で多くの人が英語を使っています。

B：はい。英語は第一言語として多くの人に話されています。

14 現在完了形の文①

本冊
p.35・36

解答

❶ ウ　　❷ Have, cleaned / have

❸ エ　　❹ ウ　　❺ (1) ウ　(2) ウ

- 補習問題 -

1 エ　　2 I've decided to go to

❷「もう〜した」という「完了」は現在完了形〈have ＋過去
分詞〉で表し，疑問文は have を主語の前に出す。

❸「〜に行ったことがある」は have been to 〜。

❺ (1)「経験」を表す現在完了形の文。(2) 英文の意味は「電
車はまだ到着していません」。空所のあとが arrived なので現在
完了形の否定文で表す。この arrived は過去分詞。主語の the
train は 3 人称単数なので，has not の短縮形 hasn't が適切。

補習問題

1 直前が Have you 〜? の疑問文であることと，直後の内容
から，エが適切。対話文の意味は次の通り。

ヨシオ：ぼくはこの前の日曜日に琵琶湖に行きました。あな
　　たは今までにそこへ行ったことがありますか。

サラ：いいえ，ありません。いつかそこへ行きたいです。

2 I've は I have の短縮形。あとに過去分詞がくる。decide to
〜で「〜することに決める」。対話文の意味は次の通り。

A：私は今朝，朝食を食べる時間がありませんでした。とても
　　おなかがすいています。

B：あなたはよくそう言いますね。もっと早く起きなくては
　　いけません。

A：わかっています。だから私は 11 時前に寝ることに決めま
　　した。

15 現在完了形の文②／現在完了進行形の文

本冊
p.37・38

解答

❶ ウ　　❷ Have, lived / haven't

❸ イ　　❹ have, been / Since

❺ (1) イ，ア，ウ　　(2) ウ，ア，エ，イ

- 補習問題 -

1 エ　　2 long have you been playing

❸「ずっと〜している」と過去に始まった動作が今も進行中
であることは，〈have been ＋〜ing〉で表す。

❹〈have been ＋〜ing〉の疑問文は have を主語の前に出す。
「〜から，〜以来」は since。

❺ (　　)内は(1) haven't seen him，(2) have you been looking
となる。各対話文の意味は次の通り。

(1) A：ケンジは元気ですか。

B：知らないんです。彼には 1 年会っていません。

(2) A：あなたは今朝から何をさがしているのですか。

B：私の辞書です。私の父が私に買ってくれたんです。

補習問題

1 対話文の意味は次の通り。

タクマ：あなたは先月から日本に住んでいます。あなたのこ
　　こでの生活はどうですか。

ベル先生：すばらしいです！　日本の人たちは私に親切です。

2 How long のあとに疑問文を続ける。疑問文は have を主語
の前に置く。対話文の意味は次の通り。

メグ：ねえ，ケンタ。私たち今，一緒に図書館に行ける？

ケンタ：ぼくはまだ忙しいんだ。きみと一緒に行けないよ。

メグ：どのくらいそのテレビゲームをしているの？

ケンタ：3 時間だよ。

16 あとに文が続く接続詞

本冊
p.39・40

解答

❶ ウ　　❷ she speaks　　❸ ア

❹ because　　❺ If, is

❻ (1) ウ，ア，エ，イ
　　(2) エ，ウ，ア，イ

- 補習問題 -

1 エ，ウ，カ，オ，イ，ア

2 call you when I leave

❷「〜ということを知っている」は know that 〜だが，空所

の数から that を省略した形にする。

❺ if ～では未来のことでも現在の文で表す。

❻ (　　)内は(1) think that this movie is, (2) me if you
are となる。各対話文の意味は次の通り。

(1) A：私はこの映画はおもしろいと思います。

B：本当ですか。私はそれを見ましたが，楽しみませんでした。

(2) A：ジェイク，もしひまなら手伝ってくれますか。

B：いいですよ。今日はすることが何もないんです。

①〔　　〕内はDo you think your father can use となる。
think のあとに接続詞 that (～ということ)が省略されている。
対話文の意味は次の通り。

ヨシエ：あなたは，あなたのお父さんがこのコンピューター
　　　を使えると思いますか。

デイビッド：はい。彼はよくそれで電子メールを書きます。

② 対話文の意味は次の通り。

タカシ：やあ，マイク。ぼくは土曜日に友達とテストの勉強
　　　をするつもりだよ。ぼくたちに加わらない？

マイク：ぜひそうしたい。きみたちはいつ始めるの？

タカシ：10 時ごろだよ。

マイク：ぼくは部屋のそうじをしなくちゃならないから，家
　　　を出るときにきみに電話するよ。

17 仮定法

本冊
p.41・42

解答

❶ イ　❷ イ　❸ were　❹ could
❺ (1) ウ　(2) イ

- 補習問題 -
① ア　② 3番目：3　5番目：6

❶ 仮定法の文。can の過去形の could を使い，そのあとの動
詞は原形(play)。

❺ 各対話文の意味は次の通り。

(1) A：あそこの男性を見て！　彼はバスケットボールをとて
　　も上手にプレーしているよ。

B：本当だ。彼はとてもかっこいいね！　私は彼のようにプレ
　　ーできたらいいのになあ。

(2) A：私は今朝から体調が悪いです。

B：え，本当ですか。今は気分はどうですか。

A：あまりよくないです。いつもより早く寝ることにします。

B：私があなただったら，お医者さんのところに行くでしょう。

①〈If ～, ….〉の形の仮定法の文。「…」の部分が否定文にな
っている。

② But I wish I were better at playing it. という文にする。
could が不要。対話文の意味は次の通り。

A：あなたはピアノが弾けますか。

B：少しだけ。でも私はそれを弾くのがもっと得意だったらい
　　いのにと思っています。

18 いろいろな文型

本冊
p.43・44

解答

❶ イ　❷ ウ　❸ to　❹ look
❺ call me　❻ (1) イ，エ，ア，ウ，オ
(2) ア，ウ，イ，エ，オ

- 補習問題 -
① ア　② give some presents to him

❸〈show +(人)+(物)〉は〈show +(物)+ to +(人)〉に
言いかえることができる。

❻ (　　)内は(1) gave me these beautiful flowers, (2) made
me interested in recycling となる。各対話文の意味は次の通り。

(1) A：あなたはうれしそうに見えます。

B：はい，うれしいです。トムが私にこれらの美しい花をくれ
　　たのです。

(2) A：だれがあなたにこの本を紹介したのですか。

B：ロイです。それは私にリサイクルへの興味を持たせました。

①「駅の近くにある新しい図書館はすばらしく見えます。」と
いう意味の英文になる。

② to があることに注意。〈give +(物)+ to +(人)〉の形に
なる。対話文の意味は次の通り。

〔職員室で〕

A：アレックスの送別会のためのあなたたちの計画はどんなも
　　のですか。

B：まず，私たちは彼のために歌います。そのあと，彼にいく
　　つかのプレゼントをあげます。

19 関係代名詞

本冊 p.45・46

解答

❶ エ　❷ イ　❸ which[that]
❹ ウ, ア, イ　❺ which[that] you
❻ know a shop that sells cool

- 補習問題 -

① ウ　② things that we can feel

❹ that you met yesterday（あなたが昨日会った）が The girl を後ろから修飾する形にする。

❻ a shop を that sells cool T-shirts が後ろから修飾する形にする。対話文の意味は次の通り。

ミキ：文化祭で同じ T シャツを着るのはどう？

ジェーン：いい考えだね！　私の家の近くにある, かっこいい T シャツを売っているお店を知っているよ。

ミキ：わかった。そこに行こう。

補習問題

① 「これは 1980 年に建てられた学校です。」という意味の英文になる。which の前が単数の名詞 a school で, in 1980 から過去の内容だとわかる。

② まず〔　〕の前の語句と合わせて There are many things（たくさんのことがある）と組み立てる。そして, that we can feel …（私たちが…感じることができる）が many things を後ろから修飾する形にする。

20 名詞を後ろから修飾する語句

本冊 p.47・48

解答

❶ ウ　❷ エ　❸ written
❹ イ, ウ, ア　❺ she visited
❻ looking at the boy playing

- 補習問題 -

① ウ　② enjoy any drink they like

❹ I bought last week（私が先週買った）が a bag を後ろから修飾する形にする。

❻ playing soccer over there（あそこでサッカーをしている）が the boy を後ろから修飾する形にする。対話文の意味は次の通り。

ユリ：メアリー, ここで何をしているの？

メアリー：あそこでサッカーをしている男の子を見ているの。彼はとてもかっこいいよ。

ユリ：あ, あれはケンタだ。彼はサッカーがとてもうまいよ。

補習問題

① called *Pochi*（ポチと呼ばれている）が a dog を後ろから修飾する形にする。対話文の意味は次の通り。

A：あなたは何かペットを飼っていますか。

B：はい。ねこを飼っています。あなたはどうですか。

A：そうですね, 私はポチという犬を飼っています。あなたのねこの名前は何ですか。

B：タマです。彼女はとてもかわいいです。

② any drink（どんな飲み物でも）を they like（彼らが好きな）が後ろから修飾する形にする。

21 間接疑問文

本冊 p.49・50

解答

❶ イ　❷ ウ　❸ ウ, ア, イ
❹ ウ, イ, ア　❺ エ, オ, イ, ウ, ア

- 補習問題 -

① know when it was built
② Do you know where this place is(?)

❸ when David came to Japan で「デイビッドがいつ日本に来たのか」。

❹ what food you can cook で「あなたが何の料理をつくることができるか」。

❺ Do you know who they are? という英文になる。対話文の意味は次の通り。

A：あなたは彼らがだれなのか知っていますか。

B：彼らは人気のあるダンサーです。

補習問題

Do you know のあとに〈疑問詞＋主語＋動詞 〜〉を続ける。各対話文の意味は次の通り。

① トレイシー：この本にある神社を見て。すばらしく見えるよ。

ヒロシ：これは日本でとても有名な神社だよ。

トレイシー：あなたはそれがいつ建てられたか知っている？

ヒロシ：約 600 年前だよ。

② A：あれはきれいな写真ですね！

B：ありがとうございます。インドに住んでいる兄［弟］によって撮られたものです。

A：あなたはこの場所がどこにあるか知っていますか。

B：知りません。あとで彼に聞きます。

22 その他の文法・表現①

本冊 p.51・52

解答

1 ア **2** ウ **3** What a
4 Shall we **5** doesn't it
6 you join us

- 補習問題 -

1 Shall

1 stop ～ing で「～するのをやめる」。
2 Why don't you ～? で「～したらどうですか」。
3 空所の後ろに〈形容詞＋名詞〉の cute dog（かわいい犬）があるので，What a を入れて感嘆文をつくる。
4 空所が２つで，そのあとに go があるので，Shall we ～? で誘う文にする。もし空所のあとが going だったら，How about ～? で誘う文にする。
5 This train は１つのものなので代名詞の it で受ける。動詞が stops で３人称単数現在形なので，付加疑問文をつくるときには does not の短縮形 doesn't を使う。
6 Why don't you ～? の文にする。

補習問題

1 買い物に誘う文。疑問文で主語が we なので，Shall を入れて Shall we ～? の文にする。

23 その他の文法・表現②

本冊 p.53・54

解答

1 ウ **2** イ **3** any students
4 Is it / it **5** On, at **6** ア

- 補習問題 -

1 nothing

1「あなたのもの」を表す yours が入る。
2 an umbrella のはたらきをする one が入る。
3 否定文で「１人も～がいない」を表すときは not と any ～ を使う。
4〈寒暖〉は it を主語にして表す。
5〈曜日〉には on を使い，〈時刻〉には at を使う。
6 both of ～ は「～の両方」という意味で，「～」に代名詞がくるときは複数を表す目的格。

補習問題

1「何も～ない」を表す nothing が入る。

シン：こんにちは，マーサ。次の土曜日は時間がありますか。
マーサ：はい。私はその日，何もすることがありません。どうしたのですか。
シン：私はコンサートのチケットを２枚持っています。私と一緒に来ませんか。
マーサ：もちろん。

2章　英作文問題

24 イラストに合う英文をつくる

本冊 p.55・56

解答

2（例）アメリカに来ていて，ABC ホテルに行きたいが道に迷っている。
5 私たちと一緒に来てください！
4（例）I want to go to ABC Hotel, but I don't know where I am now.　Could you tell me the way to get there, please?（25 語）

- 補習問題 -

1 **4**（例）Which one is the best(?)（5 語）
8（例）I learned a lot about Mozart(.)（6 語）
11（例）Let's go together next time(.)（5 語）

4 ミホさんはアメリカを訪れていて，地図の ABC Hotel(ABC ホテル)を指さしている。そして，Excuse me.（すみません。）と声をかけ，相手が Come with us!(私たちと一緒に来てください！)と言って，ミホさんは Thank you so much.（どうもありがとうございます。）と言っている。この状況と会話の流れから，ミホさんは ABC ホテルへの行き方をたずねていると考えられる。解答例の意味は「ABC ホテルに行きたいのですが，今自分がどこにいるかわかりません。そこへの行き方を教えていただけますか」。別解：May I ask you a question?　I am looking for ABC Hotel.　Is it near here?　Would you show me how I can get there?（質問をしてもいいですか。ABC ホテルを探しています。ここの近くにありますか。どのようにそこへ行けるか教えていただけますか。）（25 語）

補習問題

1 **4** 1. のイラストで，ウェンディさんは書店で友子さんに会い，Can you help me?　I want a book about Mozart.（助けてくれる？　モーツァルトについての本がほしいの。）と言っている。2. では，Wow, there are so many books about Mozart.（わあ，モーツァルトについての本がとてもたくさんある。）と言ったあと何かをたずね，それに対して友子さんが How about this one?(これはどう？)と１冊の本をすすめている。この状況と会話の流れから，ウェンディさんはどの本がいい

かなどをたずねていると推測できる。解答例の意味は「どれがいちばんいいですか」。別解：Will you show me the most popular one(?)（いちばん人気のものを見せてくれますか。）／Which do you recommend(?)（どれがおすすめですか。）

⑧ 3. は翌日の教室の場面で，友子さんがウェンディさんに Did you enjoy the book ...?（…の本を楽しんだ？）とたずねて，ウェンディさんは Yes（うん）と答えている。これに続く発言としては，本についてのよい感想などが適切。解答例の意味は「私はモーツァルトについて多くを学びました」。別解：The CD was great(.)（CD がすばらしかったです。）(4 語) ⑪直前で友子さんが I often go to classical concerts（私はよくクラシックのコンサートに行く）と言って，ウェンディさんが That's great.（いいね。）と言っている流れに合う内容を考える。一緒に行こうと誘う表現などが考えられる。解答例の意味は「次回は一緒に行きましょう」。別解：I want to go with you(.)（私はあなたと一緒に行きたいです。）(6 語)

（イラストの対話の意味）
①こんにちは，友子。ここで会えてうれしい。助けてくれる？モーツァルトについての本がほしいの。②もちろん。それがどこにあるか知っているよ。行こう。③ありがとう。④わあ，モーツァルトについての本がとてもたくさんあるね。（　）。⑤これはどう？　これには特典 CD もついているよ。⑥おもしろそうだね！　これを買うよ。翌日⑦こんにちは，ウェンディ。あなたが昨日買った本を楽しんだ？⑧うん。（　）。⑨あなたはモーツァルトを聞く？⑩うん，そして私はよくクラシックのコンサートに行くよ。⑪いいね。（　）。

25 対話の流れに合う 英文をつくる

本冊 p.57・58

解答

② (A)（そうですね，）私は日本文化に興味があるからです。
　(B)（例）あなたはなぜ日本に来たのですか。
③ (A) 3 年間です。
　(B)（例）あなたはどれくらい日本に滞在する予定ですか。
④ ①（例）why did you come to Japan
　②（例）how long are you going to stay in Japan

- 補習問題 -
[1] ①（例）Where is it?
　②（例）If you join the show, you can get a pen.

④①メモにある「日本に来た理由」とグリーン先生の応答から，「あなたはなぜ日本に来たのですか。」とたずねる文が適切。why（なぜ）で文を始めて，あとに疑問文を続ける。　②メモに

ある「日本での滞在予定期間」とグリーン先生の応答から，「あなたはどれくらい日本に滞在する予定ですか」とたずねる文が適切。how long（どれくらい長く）で文を始めて，あとに疑問文を続ける。will を使って how long will you stay in Japan としてもよい。

（対話文の意味）
あなた：はじめまして，グリーン先生。あなたについていくつか質問をしたいのですが。
グリーン先生：こちらこそ，はじめまして。何でも聞いてください。
あなた：まず，あなたはどこの出身ですか。
グリーン先生：私はカナダ出身です。
あなた：わあ，あなたはカナダ出身なのですね。それから，　①　。
グリーン先生：そうですね，日本文化に興味があるからです。
あなた：それを聞いてうれしいです。そして，　②　。
グリーン先生：3 年間です。

補習問題

[1]①　A　の直前では Hikari Hall?（ひかりホール？）と言い，直後ではアキラが It's next to the station.（それは駅の隣にあります。）と答えている流れから，「それ（＝ひかりホール）はどこにありますか」とたずねる文が適切。Where's the hall?（ホールはどこにありますか。）などでもよい。　②　B　の直前は「何か他の情報はありますか。」という意味で，それに対する応答が入る。直後は「わあ！　それはいいプレゼントですね。私はそれに参加したいです。」という意味。「他の情報」「プレゼント」「それに参加する」などから，チラシのふきだし内の内容をここで伝える流れにするのが適切だとわかる。解答例の意味は「ショーに参加したら，ペンがもらえるよ」。if ～（もし～なら）を文の後半にもってきて，You can get a pen if you join the show. としてもよい。

（対話文の意味）
アキラ：やあ，マイク。このチラシを見て。マジックショーについてだよ。
マイク：へえ，楽しそうだね。
アキラ：マジックショーは次の日曜日にひかりホールで開催されるよ。午後 5 時に始まる。
マイク：ひかりホール？　A
アキラ：それは駅の隣にあるよ。
マイク：なるほど。何か他の情報はある？
アキラ：B
マイク：わあ！　それはいいプレゼントだね。参加したいな。

26 日本文に合う英文をつくる

本冊 p.59·60

解答

- ❷ ① 1つ質問をしてもいいですか。
  ② 彼らの好きな食べ物は何ですか。
- ❸ ①（例）Can I ask a question?（5語）
  ②（例）What is their favorite food?（5語）

- 補習問題 -
- 1 ①（例）Are you interested in Japanese culture?（6語）
  ②（例）There are a lot of places to visit in Japan.（10語）
  ③（例）Will you show me the pictures you took in Australia?（10語）

❸ ①「〜してもいいですか」は Can I 〜? や May I 〜?。または Could I 〜? でもよい。　②「何」とたずねるので，What で文を始める。「〜は何ですか」は What is 〜?。別解：What food do they like?（彼らはどんな食べ物が好きですか。）（5語）
（対話文の意味）

あなた：こんにちは，ジュディ。あなたのスピーチはよかったよ。私はとても楽しんだよ。

ジュディ：ありがとう。

あなた：　①

ジュディ：いいよ。何？

あなた：　②

ジュディ：彼らはとても小さな魚が好きだよ。

補習問題

1 ①「あなたは日本の文化に興味がありますか」などの意味の文をつくるとよい。「〜に興味がある」は be interested in 〜。別解：Is Japanese culture interesting for you?（日本の文化はあなたにとって興味深いですか。）（6語）/ Do you have an interest in the culture of Japan?（あなたは日本の文化に興味がありますか。）（10語）　②「日本には訪れる（べき）場所がたくさんあります」などの意味の文をつくるとよい。「〜がある」は There is[are] 〜. で，「〜」が複数のものの場合は are を使う。「〜がたくさんある」は「たくさんの〜がある」と表す。「訪れるべき場所」は places（場所）のあとに to visit（訪れるべき）を続ける。別解：My country has many spots you should visit.（私の国にはあなたが訪れるべきたくさんの場所があります。）（8語）/ In our country, we have lots of good places to see.（私たちの国には，見るべきよい場所がたくさんあります。）（11語）　③「あなたがオーストラリアで撮った写真を私に見せてくれますか。」などの意味の文をつくるとよい。「〜してくれますか」は Can you 〜? や Will you 〜?。

「A に B を見せる」は show A B。「あなたが〜で撮った写真」は pictures（写真）のあとに you took in 〜（あなたが〜で撮った）を続ける。別解：Can I see some photos taken in Australia?（オーストラリアで撮られた写真を見てもいいですか。）（8語）/ I want you to show me a picture which was taken in your country.（私はあなたにあなたの国で撮られた写真を私に見せてほしいです。）（14語）

27 外国の人に説明する英文をつくる

本冊 p.61·62

解答

- ❶ ① should　②can　③to
  ④ favorite / because　⑤have
- ❷（例）図書館。おもしろい本がたくさんある。よく友達と本を借りに行く。
- ❸（例）My favorite place is a library in my city. I like the library because it has a lot of interesting books. My friends and I often go there to borrow books.（31語）

- 補習問題 -
- 1 （例）You can enjoy taking pictures on a mountain. In autumn, many trees on a mountain become colorful. Yellow and red trees are very beautiful, so you can take good pictures.（30語）

❸ 解答例のほか，I often go to 〜 because ….（…なので私はよく〜に行きます。）や There is 〜 in my town.（私の町には〜があります。）などで始める形も考えられる。解答例の意味は「私のお気に入りの場所は市内にある図書館です。おもしろい本がたくさんあるので，私はその図書館が好きです。友達と私は本を借りによくそこへ行きます」。

補習問題

1 スミス先生(Ms. Smith)は最初に Can anyone tell me about the seasons in Japan?（だれか日本の季節について私に教えてくれますか。）と言い，次の発言で What can I enjoy when I go out in autumn?（秋に外出すると私は何を楽しむことができますか。）とたずねている。このことから，日本で秋に外出して何が楽しめるかを説明する文を考える。What can I enjoy 〜? に答えるので，まず You can enjoy 〜.（あなたは〜を楽しむことができます。）で答えるとよい。「〜することを楽しむ」は enjoy 〜ing。解答例の意味は「あなたは山で写真を撮ることを楽しむことができます。秋には，山の多くの木々は色彩豊かになります。黄色や赤の木々はとても美しいので，あなたはよい写真を撮ることができます」。

（対話文の意味）

スミス先生：今，日本ではとても暑いですが，日本には他の
　季節もあることを知っています。だれか日本の季節につい
　て私に教えてくれますか。

ケンタ：はい。ぼくは次の季節について話します。それは秋
　です。外出するのによい季節です。

スミス先生：わかりました。秋に外出すると私は何を楽しむ
　ことができますか。

ケンタ：□

スミス先生：ありがとう。日本で秋に外出するのを楽しみに
　しています！

28 自分自身のことを述べる英文をつくる

本冊 p.63・64

解答

❶ ① want to / because
　② dream / to　③ dancing / to dance
　④ the best[most]　⑤ interested in
❷ ①（例）高校生になる前の春休みの間に何をし
　　たいか。
　②（例）読書をしたい。今はその時間がないか
　　ら。
❸（例）I want to read a lot of books because I
　don't have time to read now.（16 語）

- 補習問題 -

1 ①（例）My dream is to travel around the
　　world.
　②（例）I want to meet a lot of people.　I will
　　learn about many other cultures during
　　my travels.

❸ 高校生になる前の春休みに何がしたいかを問われている。
「理由とともに」「10 語以上 20 語以内」という条件に注意し
て書く。解答例の意味は「今は読書する時間がないので，私は
たくさんの本を読みたいです」。別解：I want to practice
tennis every day because I want to join the tennis club at
high school.（私は高校でテニス部に入りたいので，毎日テニ
スを練習したいです。）（18 語）／I want to practice cooking
because I will make my own lunch.（私は自分のお弁当をつく
るつもりなので，料理を練習したいです。）（12 語）

補習問題

1 下線部は「あなたの将来の夢は何ですか。」という意味。〔条
件〕の，「1 文目は My dream に続けて書く」「2 文目以降は具
体的に 2 文以上で」に注意する。① My dream is to 〜.で「私
の夢は〜することです。」という意味。② 2 文目以降は，理由

や夢に向けてしていることなどを述べるとよい。

　解答例の意味は「①私の夢は世界中を旅行することです。
②私はたくさんの人に会いたいです。旅行の間，私はたくさ
んの他の文化について学びます」。

（示された英文の意味）

〈Danny からのメールの一部〉

　もしぼくが未来へ旅したら，ぼくは自分の生活がどんな様
子かを見ることができる。自分の将来について言えば，ぼく
は医者になりたい。自分の夢がかなうよう願っているんだ。
きみはどう？　きみの将来の夢は何？

〈Danny へのメール〉

　こんにちは，ダニー。元気？　おもしろいメールをありが
とう。□　またね！

29 自分の意見を述べる英文をつくる

本冊 p.65〜67

解答

❶ ① think　② agree　③ should
　④ It's / to　⑤ better　⑥ better
❷ ①（例）中学生はボランティア活動をするべき
　　か。
　②（例）するべき。人々を助けて幸せにできる
　　ので。学校外の人と友達にもなれる。
❸（例）I think they should.　It is because they
　can do something to help people and make
　people happy.　Also, they can make friends
　with people outside school.（27 語）

- 補習問題 -

1 ①（例）I like sending an e-mail better.（6 語）
　②（例）First, I think talking on the phone
　　is more expensive.　Second, Mark can
　　read my e-mail when he has time.（20 語）

❸ 中学生がボランティア活動をすべきかについての考えを問
われている。まず，するべきと思うか思わないかを述べ，そ
のあとに理由や意見を続ける。「理由を含めて 25 語以上」と
いう条件に注意して書く。解答例の意味は「私は彼ら（中学生）
はするべきだと思います。彼らは人々を助けたり，幸せにし
たりするための何かをすることができるからです。また，学
校外の人と友達になれます」。

補習問題

1 ワークシートの質問は「あなたは電子メールを送るのと電
話で話すのでは，どちらのほうが好きですか。」という意味。
①は，どちらのほうが好きかを 6 語以上の英語で答える。②
は，　(b)　の前に I have two reasons.　（理由は 2 つありま
す。）とあることから，理由を 2 つ挙げる。「20 語以上」とい

う条件に注意する。解答例の意味は①「私は電子メールを送るほうが好きです」，②「1 つ目に，電話で話すことはお金がよりかかると思います。2 つ目に，マークは時間があるときに私のメールを読むことができます」。別解：① Talking on the phone is better.（電話で話すほうがいいです。）（6 語） ② One reason is that I can tell my message quickly. The other reason is that I can hear his voice. （1 つの理由は，自分のメッセージを素早く伝えられるからです。もう 1 つの理由は，私が彼の声を聞くことができるからです。）（20 語）

3 章 リスニング問題

30 正しいイラストを選ぶ

本冊
p.69・70

解答

❸イ ❻イ

- 補習問題 -
1 ウ 2 イ

❸ 初めにハンバーガー1 つ，ホットドッグ 2 つ，コーヒー1 杯を注文したが，ホットドッグは店になかったため，代わりにハンバーガーを 1 つ追加した。

❻ 問われているのはベティが何をしたか。ジェーンがしたことと間違えないように。

【読まれた英文】

No. 1

A：Can I have one hamburger, two hot dogs and a cup of coffee, please?

B：Sorry, but we don't have hot dogs.

A：Really? OK, then I'll have one more hamburger, please.

B：Sure. That'll be six hundred yen.

Question：What will the man have?

（日本語訳）

A：ハンバーガー1 つ，ホットドッグ 2 つと，コーヒー1 杯をいただけますか。

B：申し訳ありませんが，ホットドッグはありません。

A：そうなんですか。わかりました，ではハンバーガーをもう 1 つください。

B：わかりました。600 円になります。

質問：男性は何を食べ［買い］ますか。

No. 2

Last Sunday, Betty and her sister Jane went to their grandfather's house. In the morning, Betty picked some vegetables in the garden. Jane cooked them for lunch. In the afternoon, they went to the river. Betty swam, and Jane enjoyed fishing there. It was a wonderful day.

Question：What did Betty do last Sunday?

（日本語訳）

この前の日曜日，ベティと妹［姉］のジェーンは彼女たちの祖父の家に行きました。午前中，ベティは庭で野菜をとりました。ジェーンは昼食にそれらを料理しました。午後，彼女たちは川へ行きました。そこでベティは泳ぎ，ジェーンは釣りを楽しみました。すばらしい 1 日でした。

質問：ベティはこの前の日曜日に何をしましたか。

補習問題

1 ジョンが今から何をするかを問われている。今していることではないので注意。

2 人数と，holding glasses（コップを持っている），wearing glasses（めがねをかけている）に注意。

【読まれた英文】

1

A：John, are you busy now?

B：No, I'm just watching TV.

A：I'm cooking dinner now. Can you clean the table?

B：Sure.

Question：What is John going to do?

（日本語訳）

A：ジョン，今忙しい？

B：ううん，テレビを見ているだけだよ。

A：私は今，夕食を料理しているの。テーブルをふいてくれる？

B：いいよ。

質問：ジョンは何をするつもりですか。

2

（これから読む英文の内容を，正しく表しているものはどれでしょう。）

Three girls are sitting around the table. Two of them are holding glasses. A girl wearing glasses is looking at the menu.

（日本語訳）

3 人の女の子がテーブルの周りに座っています。彼女たちの 2 人はコップを持っています。めがねをかけている女の子はメニューを見ています。

31 正しい図や表を選ぶ

本冊 p.71・72

解答

❸ イ ❻ ア

- 補習問題 -

1 ウ 2 エ

❸ as popular as ～（～と同じくらい人気がある）, the most popular（いちばん人気がある）がポイント。

❻ open every day（毎日開院している）と open from 3 p.m. to 8 p.m.（午後 3 時から午後 8 時まで開院）がポイント。

【読まれた英文】

No. 1

　Look at this. It shows three popular sports in my class. Soccer is as popular as volleyball. But basketball is the most popular of the three.

（日本語訳）

　これを見てください。私のクラスで人気のある 3 つのスポーツを示しています。サッカーはバレーボールと同じくらい人気があります。でも，バスケットボールが 3 つのうちでいちばん人気があります。

No. 2

Peter : Emi, do you know any good animal hospitals? My host family has a dog, and the dog looks sick.

Emi : Oh no, Peter. I have a dog, too. The hospital near the station is good. The doctors there are all nice.

Peter : My host family and I want to take the dog to the hospital today.

Emi : Don't worry. The hospital is open every day, even on Saturday and Sunday.

Peter : Wow. Then, we want to go there after 4 p.m. today. Is it open?

Emi : Yes. It is open from 3 p.m. to 8 p.m.

Peter : Thank you, Emi.

Emi : That's OK. Please take care of your dog.

（日本語訳）

ピーター：恵美，どこかいい動物病院を知ってる？　ぼくのホストファミリーが犬を飼っていて，その犬の具合が悪そうなんだ。

恵美：え，大変，ピーター。私も犬を飼っているよ。駅の近くの病院がいいよ。そこのお医者さんたちはみんなやさしい。

ピーター：ホストファミリーとぼくは今日，犬を病院に連れていきたいんだ。

恵美：心配しないで。その病院は毎日開院してるよ，土日でも。

ピーター：わあ。じゃあ，ぼくたちは今日の午後 4 時以降にそこへ行きたいな。開院しているかな？

恵美：うん。午後 3 時から午後 8 時まで開院しているよ。

ピーター：ありがとう，恵美。

恵美：いいよ。わんちゃん，どうぞお大事にね。

補習問題

1 メアリーのクラスを問われていることに注意。the most popular（いちばん人気がある）と as popular as ～（～と同じくらい人気がある）がポイント。

2 「753」, rainy in London now（今ロンドンでは雨）, 12 hours and 10 minutes（12 時間 10 分）がポイント。

【読まれた英文】

1

Kenta : What is the most popular thing to do at home in your class, Mary?

Mary : Look at this paper. Watching TV is the most popular in my class.

Kenta : Really? In my class, listening to music is more popular than watching TV. Reading books is not popular.

Mary : In my class, reading books is as popular as listening to music.

質問：Which is Mary's class?

（日本語訳）

健太：きみのクラスでいちばん人気のある家ですることは何，メアリー？

メアリー：この紙を見て。私のクラスでは，テレビを見ることがいちばん人気があるよ。

健太：本当？　ぼくのクラスでは，音楽を聞くことのほうがテレビを見ることよりも人気があるよ。本を読むことは人気がないんだ。

メアリー：私のクラスでは，本を読むことは音楽を聞くことと同じくらい人気があるよ。

質問：どれがメアリーのクラスですか。

2

（これから読む英文は，ロンドン行きの飛行機の機内放送です。機内放送の内容を正しく表しているものはどれでしょう。）

　Good afternoon. Welcome to Flight 753 to London. We are now ready to leave. It is rainy in London now, but it will be cloudy when we get there. Our flight time to London will be 12 hours and 10 minutes.

We'll give you something to eat and drink during the flight.　If you need any help, please ask our staff.　We hope you'll enjoy your flight.　Thank you.

（日本語訳）

　こんにちは。ロンドン行き753便にようこそご搭乗ください ました。ただ今出発する準備ができました。ロンドンでは 今，雨が降っていますが，私たちが到着するときにはくもり になっているでしょう。ロンドンまでの飛行時間は12時間 10分の予定です。飛行の間に食べ物と飲み物をお出しします。 お手伝いが必要なときは，スタッフにおたずねください。空 の旅を楽しんでいただければと思います。ありがとうござい ます。

32　1枚のイラストや図表の 中から選ぶ

本冊 p.73・74

解答

❸イ　　❻ア

- 補習問題 -

1 ア　　2 ウ

❸ アヤについては最後に sitting on the chair（いすに座って いる）と言っている。冒頭で帽子をかぶっているのはサチだと わかるので，アヤはイだとわかる。音声を聞きながら，わか った順に名前やイニシャルをイラストに書き入れるとよい。

❻ 「駅へ行く通りを進む」→「左側に本屋さん」→「本屋さ んで左に曲がる」→「まっすぐ進んで花屋さんで右に曲がる」 →「左側に郵便局が見つかる」。聞き取った道順を地図にかき 込んでいくとよい。

【読まれた英文】

No. 1

Tom　：Sachi, you are wearing a nice cap in this picture.　Who is the girl holding the dog?

Sachi：That's Kumi.　She is one of my friends.

Tom　：I see.　Is this girl Aya?　I heard she was a member of the tennis club.

Sachi：Oh, that's Aya's friend.　Aya is sitting on the chair.

Question：Which girl is Aya?

（日本語訳）

トム：サチ，この写真できみはすてきな帽子をかぶっている ね。犬を抱いている女の子はだれ？

サチ：それはクミだよ。彼女は私の友達の1人だよ。

トム：なるほど。この女の子はアヤ？　彼女はテニス部のメ ンバーだと聞いたよ。

サチ：ああ，それはアヤの友達。アヤはいすに座っているよ。

質問：どの女の子がアヤですか。

No. 2

A：Hi, Masaya.　Can you help me?　How can I get to the post office?

B：Hello, Ms. Green.　Sure, I can help you.　Well, go down the street that goes to the station.　You'll see the bookstore on your left.

A：Oh, I think I know that bookstore.　Is it near the park?

B：Yes.　Turn left at the bookstore.　Then go straight and turn right at the flower shop.　You'll find the post office on your left.

A：Thank you very much.

質問：Where is the post office?

（日本語訳）

A：こんにちは，マサヤ。助けてもらえますか。郵便局へはど のように行けばいいですか。

B：こんにちは，グリーン先生。もちろん，お手伝いできます。 ええと，駅へ行く通りを進んでください。左側に本屋さん が見えます。

A：ああ，私はその本屋さんを知っていると思います。それは 公園の近くにありますか。

B：はい。本屋さんで左に曲がってください。そしてまっすぐ 進んで，花屋さんで右に曲がってください。左側に郵便局 が見つかるでしょう。

A：どうもありがとう。

質問：郵便局はどこにありますか。

補習問題

1 エリの最後の発言を聞き取る。自分のクラスメートは the girl standing next to the boy with a book（本を持った男の 子の隣に立っている女の子）と言っている。

2 「ステーションホテルまでシティライブラリー線に乗る」 →「イーストハイスクール線に乗り換える」→「ステーショ ンホテルから2つ目のバス停で降りる」。聞き取った行き方を 路線図にかき込んでいくとよい。

【読まれた英文】

1

A：Oh, that's my classmate over there.

B：Which one, Eri?　Is your classmate the girl talking with the boy?

A：No, that's not her.　My classmate is the girl standing next to the boy with a book.

B：Oh, I see.

Question：Which one is Eri's classmate?

（日本語訳）

A：あ，あそこにいるのは私のクラスメートだ。

B：どの人，エリ？　きみのクラスメートは男の子と話している女の子？

A：ううん，その人は彼女じゃない。私のクラスメートは本を持った男の子の隣に立っている女の子だよ。

B：ああ，わかった。

質問：どの人がエリのクラスメートですか。

2

A：Excuse me.　Could you tell me how to get to the art museum?

B：Sure.　First, take the City Library Line to the Station Hotel.

A：So, you mean I should get off at the Station Hotel, right?

B：Yes.　And change to the East High School Line and get off at the second bus stop from the Station Hotel.　The art museum is in front of the bus stop.　This is the easiest way to get there.

Question：Where should the woman get off to visit the art museum?

（日本語訳）

A：すみません。美術館への行き方を教えていただけますか。

B：いいですよ。まず，ステーションホテルまでシティライブラリー線に乗ってください。

A：つまり，ステーションホテルで降りるべきという意味ですよね。

B：はい。そしてイーストハイスクール線に乗り換えて，ステーションホテルから 2 つ目のバス停で降りてください。美術館はバス停の前にあります。これがそこへ行くいちばん簡単な方法です。

質問：美術館へ行くには女性はどこで降りるべきですか。

---

33 質問に対する答えの文を選ぶ①

本冊
p.75・76

解答

③イ　⑥①ウ　②イ

- 補習問題 -

1ウ　2①イ　②エ

---

③ 問われているのは，「マナ」が「土曜日」にしたことであることに注意。聞きながら，「だれ」が「何曜日」に「何をした」かをメモするとよい。ア「彼女は祖父を訪ねてケーキをつくった」，イ「彼女は友達とテニスをした」，ウ「彼女は家でテ

レビを見た」，エ「彼女は宿題をした」。

⑥ ①対話のはじめのほうで，Sakura Hall near the park（公園の近くのサクラホール）と言っている。ア「駅の近く」，イ「図書館の前」，ウ「公園の近く」，エ「学校の前」。　②対話の中盤で，メアリーが Listening to Japanese songs is a good way to learn Japanese.（日本の歌を聞くことは日本語を学ぶいい方法だ。）と言っている。ア「彼女の友達がコンサートでピアノを弾くから」，イ「彼女はその歌から日本語を学ぶことができるから」，ウ「剛はたいてい夕食後に音楽を聞くから」，エ「彼女の友達が日本の歌の CD をたくさん買ったから」。

【読まれた英文】

No. 1

A：Hi, Ami.　What did you do last weekend?

B：On Saturday, I visited my grandfather and made a cake with him.　On Sunday, I watched TV at home. I had a nice weekend.　How about you, Mana?

A：I played tennis with my friends on Saturday and did my homework on Sunday.

B：You had a good weekend, too!

Question：What did Mana do last Saturday?

（日本語訳）

A：こんにちは，アミ。この前の週末は何をしたの？

B：土曜日には祖父を訪ねて，彼とケーキをつくったよ。日曜日には家でテレビを見た。いい週末を過ごしたよ。あなたはどう，マナ？

A：私は土曜日に友達とテニスをして，日曜日には宿題をしたよ。

B：あなたもいい週末を過ごしたんだね！

質問：マナはこの前の土曜日に何をしましたか。

No. 2

A：Hi, Mary.　Are you free on Saturday?

B：Yes.　I don't have any plans.

A：Our friend, Kenji, will play the piano in a concert. It will be held in Sakura Hall near the park.　Shall we go there?

B：Yes, of course.

A：Are you interested in music?

B：Yes.　In America, I usually enjoyed listening to music after dinner.

A：Oh, really?　Have you ever listened to Japanese songs?

B：Yes.　I borrowed some CDs of Japanese songs from my friend.　I listen to them every day at home.

A：Every day?

B：Yes.　Listening to Japanese songs is a good way to learn Japanese.

A：That's great. I hope you can enjoy the concert.

B：Oh, Takeshi, how will we go there?

A：How about going there by bike?

B：My bike is broken, so I can't use it now.

A：That's too bad. Well, let's take a bus. I'll meet you in front of the library at ten.

B：OK. See you then.

Question 1：Where is Sakura Hall?

Question 2：Why does Mary listen to Japanese songs every day?

（日本語訳）

A：こんにちは，メアリー。土曜日はひま？

B：うん。何の予定もないよ。

A：ぼくたちの友達のケンジがコンサートでピアノを弾くんだ。公園の近くのサクラホールで開催されるよ。そこに行かない？

B：うん，もちろん。

A：音楽に興味はある？

B：うん。アメリカでは，たいてい夕食後に音楽を聞いて楽しんでいたよ。

A：へえ，本当？ これまでに日本の歌を聞いたことはある？

B：うん。友達から日本の歌のCDを何枚か借りたの。毎日家でそれらを聞いているよ。

A：毎日？

B：うん。日本の歌を聞くことは日本語を学ぶいい方法なの。

A：それはいいね。きみがコンサートを楽しめるといいな。

B：あ，剛，そこへはどうやって行くの？

A：自転車で行くのはどう？

B：私の自転車は壊れているから，今は使えないんだ。

A：それは気の毒に。じゃあ，バスに乗っていこうよ。10時に図書館の前で会おう。

B：わかった。じゃあ，そのときに。

質問1：サクラホールはどこにありますか。

質問2：なぜメアリーは毎日，日本の歌を聞いているのですか。

補習問題

[1] 対話の終盤で，男性が you can take a train leaving at eleven thirty（あなたたちは11時30分に出る電車に乗れる）と言い，それに対して女性が We'll take that train.（私たちはその電車に乗ります。）と言っている。ア「11時15分に」，イ「11時20分に」，ウ「11時30分に」，エ「11時55分に」。

[2] ①ジャックは対話の中盤で They were interesting, so I decided to study in Japan（それら〈父親の日本での体験〉がおもしろかったので，日本で勉強しようと決めた）と言っている。ア「ヨシエが夕食後に彼に日本の歌を教えたから」，イ「彼の

父親の日本での体験が彼にはおもしろかったから」，ウ「彼の父親がときどき日本の本を読んでいたから」，エ「彼のクラスメートが彼と話す機会があったから」。②ジャックは対話の終盤で「自分の国について彼ら（この学校の生徒）に伝えたい」と言い，そのあと So I made a poster about Canada（それでカナダについてのポスターをつくった）と言っている。

【読まれた英文】

[1]

Woman：Excuse me. I'd like to go to Minami Station. What time will the next train leave?

Man：Well, it's eleven o'clock. The next train will leave at eleven fifteen.

Woman：My mother hasn't come yet. I think she will get here at about eleven twenty.

Man：OK. Then you can take a train leaving at eleven thirty. You will arrive at Minami Station at eleven fifty-five.

Woman：Thank you. We'll take that train.

Question：When will the woman take a train?

（日本語訳）

女性：すみません。ミナミ駅に行きたいのですが。次の電車は何時に出ますか。

男性：ええと，今11時ですね。次の電車は11時15分に出ます。

女性：母がまだ来ていないんです。彼女は11時20分ごろにここへ着くと思います。

男性：わかりました。では，11時30分に出る電車に乗れますよ。ミナミ駅には11時55分に着きます。

女性：ありがとうございます。その電車に乗ります。

質問：女性はいつ電車に乗りますか。

[2]

Maki：Hello, Jack. Today I will ask you some questions. When did you come to Japan?

Jack：I came to Japan two weeks ago. I will stay in Japan for three more weeks.

Maki：How do you come to school?

Jack：I come to school by bicycle. I usually leave home at 7:40. It takes thirty minutes to school. I am surprised to see many cars every day.

Maki：I see. How is your stay here?

Jack：Great. I am staying with Hiroshi's family. I enjoy talking with his family after dinner. His sister, Yoshie, is a music teacher and she often teaches me Japanese songs. I can learn Japanese from them, too.

Maki : Sounds good. Why did you want to study in Japan?

Jack : My father came to Japan to study Japanese when he was a college student. He told me about his experiences in Japan. They were interesting, so I decided to study in Japan someday.

Maki : I see. Does your father still study Japanese?

Jack : Yes, he does. He sometimes reads Japanese books.

Maki : That's wonderful. Do you enjoy your school life here?

Jack : Yes. I have a good time. My classmates often try to talk to me. I am happy to have a chance to communicate with them.

Maki : That's good. What do you like to do during your free time?

Jack : I like to practice calligraphy. A friend of mine teaches it to me. I want to be good at it.

Maki : Do you have anything to tell the students of this school?

Jack : I want to tell them about my country. So I made a poster about Canada three days ago. You can see it on the wall.

Maki : Thank you very much. I really enjoyed talking with you.

Question 1 : Why did Jack decide to come to Japan?

Question 2 : What did Jack do to tell the students about Canada?

（日本語訳）

マキ：こんにちは，ジャック。今日はあなたにいくつか質問をします。いつ日本に来たのですか。

ジャック：ぼくは 2 週間前に日本に来ました。あと 3 週間日本に滞在します。

マキ：学校へはどうやって来ますか。

ジャック：ぼくは自転車で学校に来ます。ぼくはたいてい 7 時 40 分に家を出ます。学校まで 30 分かかります。毎日たくさんの車を見て驚いています。

マキ：なるほど。ここでの滞在はどうですか。

ジャック：すばらしいです。ぼくはヒロシの家族のところに滞在しています。夕食後に彼の家族と話すのを楽しんでいます。彼のお姉さんのヨシエは音楽の先生で，彼女はよくぼくに日本の歌を教えてくれます。ぼくはそれらからも日本語を学ぶことができます。

マキ：いいですね。なぜ日本で勉強したかったのですか。

ジャック：ぼくの父は大学生だったときに日本語を勉強するために日本に来ました。彼はぼくに日本での体験を教えてくれました。それらがおもしろかったので，いつか日本で勉強しようと決めました。

マキ：なるほど。あなたのお父さんはまだ日本語を勉強していますか。

ジャック：はい，しています。彼はときどき日本の本を読みます。

マキ：それはすばらしいですね。ここでの学校生活を楽しんでいますか。

ジャック：はい。楽しい時間を過ごしています。クラスメートはよくぼくに話しかけようとしてくれます。彼らとコミュニケーションをとる機会があってうれしいです。

マキ：それはいいですね。自由な時間には何をするのが好きですか。

ジャック：書道の練習をするのが好きです。友達の 1 人がぼくにそれを教えてくれます。書道が上手になりたいんです。

マキ：この学校の生徒に伝えることは何かありますか。

ジャック：ぼくの国について彼らに伝えたいです。それでぼくは 3 日前にカナダについてのポスターを作りました。みなさんは壁に貼ってあるポスターを見ることができます。

マキ：どうもありがとうございました。あなたと話せてとても楽しかったです。

質問 1：ジャックはなぜ日本に来ることに決めたのですか。

質問 2：ジャックはカナダについて生徒たちに伝えるために何をしましたか。

34 質問に対する 答えの文を選ぶ②

本冊 p.77・78

解答

❸ ①イ ②エ　❻ ①イ ②ウ

- 補習問題 -

1 ①イ ②エ　2 エ

❸ ① メッセージの中盤で I heard about that from my classmates.（そのことについてクラスメートから聞きました。）と言っている。　②月曜日の放課後については，最後に let's talk about it with our classmates（私たちのクラスメートとそのことについて話しましょう）と言っている。この it は，まもなく自分の国へ帰る ALT の先生のために何かすることを指している。ア「彼女はクラスメートのためのパーティーを ALT と計画したい」，イ「彼女は学校を出て家で自由な時間を過ごしたい」，ウ「彼女は学校を去る ALT のために何かを買いたい」，エ「彼女は ALT のために何をすべきかについてクラスメートと話したい」。

❻ ①スピーチの中盤で we love Japanese goods and culture

（ぼくたちは日本の品物や文化が大好きです）と言っている。weはトルコの人たちのこと。ア「日本庭園がたくさんある」，イ「日本の品物や文化が人気である」，ウ「日本からそこへ行くのに約3時間かかる」，エ「トルコの人々はコーヒーを飲まない」。　②中盤で in my country, we take off our shoes at home（ぼくの国では，ぼくたちは家で靴を脱ぐ）と言っている。ア「彼はデザートをつくる」，イ「彼は靴をきれいにする」，ウ「彼は靴を脱ぐ」，エ「彼は夕飯を作る」。

【読まれた英文】

No. 1

　Hi, this is Yuka. I'm calling you because I have sad news about our ALT, Tom. He will go back to his country soon. I heard about that from my classmates. We thought we should do something for Tom. I'm sure that our English teacher will agree. So, let's talk about it with our classmates if you are free after school on Monday. See you.

Questions No. 1：Who told Yuka the sad news?

　　No. 2：What does Yuka want to do after school on Monday?

（日本語訳）

　もしもし，結花です。私たちのALTのトムについての悲しいお知らせがあって電話しています。彼はもうすぐ彼の国に帰ります。そのことについてクラスメートから聞きました。私たちはトムのために何かするべきだと思いました。私たちの英語の先生はきっと賛成すると思います。だから，もしあなたが月曜日の放課後空いていたら，私たちのクラスメートとそのことについて話しましょう。またね。

質問1番：だれが結花に悲しい知らせを伝えましたか。

　　2番：結花は月曜日の放課後に何をしたいのですか。

No. 2

　Hello. I'm a student from Turkey. Do you know Turkey? It takes about 13 hours by plane to get there from Japan. So Turkey is very far from Japan. My country is bigger than Japan, but the number of people is smaller. There are many Japanese companies, and we love Japanese goods and culture. Many people are interested in Japan and study the Japanese language.

　Cultures in Japan and Turkey are very similar. I'll give you some examples. First, in my country, we take off our shoes at home, so we can keep our houses clean. It's very similar to Japanese culture. Second, traditional Japanese desserts are very sweet, and our desserts are very sweet, too. We often eat sweet desserts and drink coffee at restaurants in Turkey.

　I think there are many good places to visit, and you will like them. Please visit Turkey someday. Thank you.

1番：From Ali's speech, which is true about Turkey?

2番：From Ali's speech, what does he do at home in Turkey?

（日本語訳）

　こんにちは。ぼくはトルコから来た生徒です。トルコを知っていますか。日本からそこへ行くには飛行機で約13時間かかります。つまりトルコは日本からとても遠くにあります。ぼくの国は日本より大きいですが，人の数は日本より少ないです。日本の企業がたくさんあり，ぼくたちは日本の品物や文化が大好きです。多くの人が日本に興味を持っていて，日本の言語を学んでいます。

　日本とトルコの文化はとても似ています。いくつか例を挙げます。まず，ぼくの国では，家で靴を脱ぐので，家をきれいに保つことができます。これは日本の文化ととても似ています。2つ目に，伝統的な日本のお菓子はとても甘く，ぼくたちのお菓子もとても甘いです。ぼくたちはよくトルコのレストランで甘いお菓子を食べて，コーヒーを飲みます。

　訪れるべきいい場所がたくさんあって，みなさんはそれらを気に入ると思います。いつかトルコを訪れてください。ありがとうございました。

1番：アリのスピーチによると，どれがトルコについて当てはまりますか。

2番：アリのスピーチによると，トルコでは彼は家で何をしますか。

補習問題

1 ①この案内の途中で赤ちゃんライオンがやって来て，そのあと you have one more chance to see them today（今日彼らに会う機会はもう1回ある）と言っている。　②案内の中盤で赤ちゃんライオンについての本のことを伝えて，そのあと Buying the books is helpful because the money will be used to take care of the babies.（本を買うことは助けになる，なぜならそのお金は赤ちゃんを世話するために使われるから。）と言っている。ア「赤ちゃんのためにエサを買うこと」，イ「赤ちゃんにミルクをあげること」，ウ「赤ちゃんの写真を撮ること」，エ「赤ちゃんについての本を買うこと」。

2 ベーカー先生は自己紹介の終盤で I'd like to tell you that it's fun to learn other languages.（他の言語を学ぶのは楽しいということをみなさんに伝えたい。）と言っている。ア「ベーカー先生は生徒たちが日本のたくさんの寺院を訪れることを願っている」，イ「ベーカー先生は以前滞在したことがあるので日本についてよく知っている」，ウ「ベーカー先生はニュ

ーヨークでは約50の言語が話されていると言っている」，エ「ベーカー先生は生徒に他の言語を学ぶことは楽しいと伝えている」。

【読まれた英文】

1

Thank you for visiting the lion area. Now, it's 1 o'clock. Soon, we will show you two baby lions here. They are very small and cute. The babies were born three months ago. They usually sleep almost all day and sometimes drink milk in a different room. They can't eat food now, but they love milk. Oh, they are coming. We are sorry but please don't use your cameras and cellphones. Strong light is not good for the babies. ... Now they are here! This is the first time you can see these babies today. 30 minutes from now, they will go back to their room. But you have one more chance to see them today. The babies will come back here again at 4 p.m. If you want to know more about the babies, you can buy books about them at the shop near the gate. Buying the books is helpful because the money will be used to take care of the babies. We hope you have a wonderful day at our zoo. Thank you.

Question 1：How many times does the zoo show the babies to the visitors today?

Question 2：What is the thing the visitors can do to be helpful for the babies?

（日本語訳）

ライオンのエリアにお越しくださりありがとうございます。ただ今1時です。まもなく，ここでみなさんに2匹のライオンの赤ちゃんをお見せします。彼らはとても小さくてかわいいです。赤ちゃんは3か月前に生まれました。彼らはたいていほぼ一日中眠っていて，ときどき別の部屋でミルクを飲みます。彼らは今は食べ物を食べられませんが，ミルクが大好きです。あ，彼らがやって来ますよ。申し訳ありませんが，カメラや携帯電話を使用しないでください。強い光は赤ちゃんたちにはよくありません。…さあここに来ましたよ！ これは今日みなさんが赤ちゃんに会える最初の回です。今から30分後に彼らは部屋に帰ります。ですが今日彼らに会う機会はもう1回あります。赤ちゃんは午後4時にもう一度ここに戻ってきます。赤ちゃんについてもっと知りたいのでしたら，ゲート近くのお店で彼らについての本を買うことができます。本を買うことは助けになります，なぜならそのお金は赤ちゃんを世話するために使われるからです。みなさんが私たちの動物園ですばらしい日を過ごされるよう願っています。ありがとうございました。

質問1：今日，動物園は来園者に何回赤ちゃんを見せますか。

質問2：赤ちゃんの助けになるために来園者にできることは何ですか。

2

Hello, everyone. My name is Bill Baker. I came to Japan three weeks ago. I'm so happy to meet you. I'm from New York, the biggest city in America, and people from all over the world live there. Some people say that about 500 languages are spoken in New York. There are a lot of popular places to see, and many people visit them.

This is my first time to Japan. I studied Japanese culture and history at my university, so I'd like to visit many temples in Japan. I also want to try traditional Japanese sports. I hear this school has a kendo club, and I'm excited about practicing kendo with the students. I don't know much about school life in Japan yet, but I'm surprised to know that you clean your classroom every day. Students in America don't usually do that.

I have been looking forward to teaching you English. I think we use languages for communication. I'd like to tell you that it's fun to learn other languages. So don't be shy and try to speak English with each other. Watching exciting movies and singing popular songs in English are not only fun but also good ways to improve your English. I hope you will enjoy learning English with me.

（日本語訳）

こんにちは，みなさん。私の名前はビル・ベーカーです。私は3週間前に日本に来ました。みなさんに会えてとてもうれしいです。私はアメリカで最も大きい都市，ニューヨーク出身で，そこには世界中から来た人々が住んでいます。ニューヨークでは約500の言語が話されていると言う人もいます。見るべき人気の場所がたくさんあって，多くの人がそれらを訪れます。

これは私の初めての来日です。私は大学で日本の文化と歴史を勉強したので，日本の多くの寺院を訪れたいです。伝統的な日本のスポーツにも挑戦したいです。この学校には剣道部があると聞いていて，生徒と剣道を練習することにわくわくしています。まだ日本の学校生活についてはあまり知りませんが，みなさんが毎日教室をそうじすると知って驚いています。アメリカの生徒はふつうはそれをしません。

私はみなさんに英語を教えることを楽しみにしていました。私は，私たちはコミュニケーションのために言語を使うのだと思います。他の言語を学ぶのは楽しいということをみなさ

んに伝えたいです。だから恥ずかしがらず，お互いに英語を話そうとしてください。英語でわくわくする映画を見ることや人気の歌を歌うことは，楽しいだけでなくみなさんの英語を上達させるいい方法でもあります。みなさんが私と英語を学ぶことを楽しむよう願っています。

35 内容に合っているか 正誤で答える

本冊
p.79・80

解答

❸ A. 誤　B. 正　C. 誤
❹ （例）人物①：マリ▶わかること：カレーライスをつくっている
　　　　人物②：マイク▶わかること：マリを手伝いたい／カレーがつくれる／祖母から習った／夢は料理人
❺ A. 誤　B. 誤　C. 誤　D. 正

補習問題
1 A. 正　B. 誤　C. 正
2 ① A. 誤　B. 誤　C. 誤　D. 正
　 ② A. 誤　B. 誤　C. 正　D. 誤

❸ A の with his dog（犬と一緒に）や C の riding a bike（自転車に乗っている）がイラストに合っていない。
❺ マイクはカレーをつくれると言い，マリがどうやってそれ（つくり方）を覚えたかをたずねると，My grandmother taught me.（祖母がぼくに教えてくれた。）と言っているので，正しいのは D。

【読まれた英文】
No. 1
A. The boy is walking with his dog.
B. It's a fine day and it's not raining.
C. The girl is riding a bike to school.
（日本語訳）
A. 男の子は彼の犬と歩いています。
B. 晴れた日で，雨は降っていません。
C. 女の子は自転車に乗って学校に向かっています。
No. 2
Mike：Hi, Mari.　Are you cooking now?
Mari：Yes, Mike.　I'm making curry and rice.
Mike：Well, I want to help you.　I can make curry, too.
Mari：Thanks.　How did you learn that?
Mike：My grandmother taught me.　My dream is to be a good cook like her.
Question：What is true about this dialog?

A. Mari is helping Mike with cooking.
B. Mike and his grandmother are cooking together.
C. Mike is a good cook like his grandmother.
D. Mike learned cooking from his grandmother.
（日本語訳）
マイク：こんにちは，マリ。今，料理をしているの？
マリ：うん，マイク。カレーライスをつくっているよ。
マイク：そうか，手伝いたいな。ぼくもカレーをつくれるよ。
マリ：ありがとう。どうやってそれを覚えたの？
マイク：祖母がぼくに教えてくれたんだ。ぼくの夢は彼女のようなよい料理人になることだよ。
質問：この対話に当てはまるのは何ですか。
A. マリはマイクが料理をするのを手伝っている。
B. マイクと彼の祖母は一緒に料理をしている。
C. マイクは彼の祖母のようなよい料理人だ。
D. マイクは彼の祖母から料理を習った。

補習問題

1 落ち着いて聞いて，比較表現をしっかりとらえる。
2 ①このスピーチのテーマはキャンプに行ったことで，終わりに I had great experiences!（すばらしい経験をしました！）と言っているので，適切なタイトルは D。　②ケイトはスピーチで enjoyed eating dinner outside under bright stars（輝く星の下，外で夕食を食べるのを楽しんだ）と言っているので，正しいのは C。

【読まれた英文】
1
A. Soccer is more popular than tennis in Taro's school.
B. Baseball is the most popular of all in Taro's school.
C. Basketball is as popular as tennis in Taro's school.
（日本語訳）
A. 太郎の学校ではサッカーはテニスより人気があります。
B. 太郎の学校では野球が全部の中で最も人気があります。
C. 太郎の学校ではバスケットボールはテニスと同じくらい人気があります。

2
　Hello, I'm Kate.　Last spring, I went camping with my family.　I enjoyed walking in forests and mountains. I saw beautiful flowers, trees, and birds.　Some people say night is a little scary.　But I really enjoyed eating dinner outside under bright stars.　That night I stayed up late, and talked a lot.　I had great experiences! Thank you.
問 1：Which is the best title for this speech?
　A. My family
　B. A popular mountain

C. Scary places in forests

D. My wonderful experiences

問2：What did Kate do on that day?

A. She went fishing in forests.

B. She had a scary night.

C. She had dinner outside under the stars.

D. She went to bed early.

（日本語訳）

　こんにちは，私はケイトです。この前の春，私は家族とキャンプに行きました。森や山の中を歩くのを楽しみました。美しい花や木や鳥を見ました。夜は少し怖いと言う人もいます。けれども私は輝く星の下，外で夕食を食べるのを本当に楽しみました。その夜，私は遅くまで起きていて，たくさん話しました。すばらしい経験をしました！　ありがとうございました。

問1：このスピーチの最もよいタイトルはどれですか。

A. 私の家族

B. 人気の山

C. 森の中の怖い場所

D. 私のすばらしい経験

問2：ケイトはその日，何をしましたか。

A. 彼女は森へ釣りに行きました。

B. 彼女は恐ろしい夜を過ごしました。

C. 彼女は星の下，外で夕食を食べました。

D. 彼女は早く寝ました。

36 対話の応答を選ぶ

本冊
p.81・82

解答

❷ 時間の長さ

❸ ア

❺ （例）祖母へのプレゼント／花／違うもの

❻ ウ

- 補習問題 -

1 ①ア　②エ　　2 ①エ　②ア

❸ 最後の発言は how long を使って「（図書館へ行くのに）どれくらいかかりますか」とたずねているので，「約5分」のように時間の長さを答えているアが適切。

❻ お店で祖母への誕生日プレゼントを探しているお客が，去年あげた花とは違うものにしたいと言っている。この状況に適切な受け答えを選ぶ。「花とは違うものを希望している」ということがわかっていないと答えを間違えるかもしれないので注意。ア「あなたは同じ花をあげることができます」，イ「彼女は花が好きではないですよね」，ウ「花の絵のあるカップは

どうですか」，エ「祖母のために花を探しています」。

【読まれた英文】

No. 1

A：Excuse me.　How can I get to the library?

B：Go along this street and you'll see a large brown building.　It's the library.

A：Thank you.　How long does it take?

（日本語訳）

A：すみません。図書館へはどのようにして行けますか。

B：この通りに沿って進むと，大きな茶色の建物が見えます。それが図書館です。

A：ありがとうございます。どれくらいかかりますか。

No. 2

A：Excuse me, I'm looking for something good for my grandmother's birthday.

B：OK.　Well, what is her favorite thing?

A：She likes flowers, and I gave her flowers last year. This year, I want to give her something different.

（日本語訳）

A：すみません，祖母の誕生日に何かいいものを探しているのですが。

B：わかりました。そうですね，彼女のお好きなものは何ですか。

A：彼女は花が好きで，去年は彼女に花をあげました。今年は何か違うものをあげたいんです。

補習問題

1 ①明日は雨になると聞いて，「明日は体育祭があるのに」と残念がっているのに対する受け答えなので，「お気の毒に」という意味のアが適切。イ「はい，あなたは野球ができます」，ウ「私は元気です，ありがとう」，エ「いいえ，違います」。②「どの電車が博多駅へ行きますか」という質問に対する応答なので，「この電車です［この電車が行きます］」という意味のエが適切。ア「540円です」，イ「はい，そうです」，ウ「電車で約20分です」。

2 ①腕時計を探している客に，店員が「この腕時計はどうですか」とすすめている状況。「気に入ったけれど，少し高いです」という意味のエが適切。ア「私は今夜，映画を見ます」，イ「（何かを手渡して）はい，どうぞ」，ウ「すみませんが，腕時計はいりません」。②最後の発言は「駅でいちばん好きな歌手に会った」という内容。それへの受け答えとして適切なのは「すごく幸運だね」という意味のア。イ「どういたしまして」，ウ「私もそう思います」，エ「それはいい考えですね」。

【読まれた英文】

1

① A：How will the weather be tomorrow?

B：It will be rainy.

A：Oh, no.　I will have sports day tomorrow.

（日本語訳）

A：明日の天気はどうなるかな。

B：雨だよ。

A：え，そんな。明日，体育祭があるのに。

② *A*：Excuse me, could you help me?

B：Sure.

A：Which train goes to Hakata Station?

（日本語訳）

A：すみません，助けていただけますか。

B：もちろんです。

A：どの電車が博多駅へ行きますか。

2

① *A*：Hello, welcome to our shop.　What are you looking for?

B：I'm looking for a watch.　There are many nice ones here.

A：How about this watch?　This is very popular.

（日本語訳）

A：こんにちは，私たちの店へようこそ。何をお探しですか。

B：腕時計を探しています。こちらにはすてきなものがたくさんありますね。

A：この腕時計はいかがですか。これはとても人気です。

② *A*：Hi, Tomomi.　I have something to tell you.

B：You look so happy, Keiko.　Tell me what happened.

A：I saw my favorite singer at Minato Station a few hours ago.

（日本語訳）

A：こんにちは，トモミ。あなたに伝えることがあるの。

B：とてもうれしそうだね，ケイコ。何があったのか教えて。

A：数時間前にミナト駅でいちばん好きな歌手に会ったの。

---

37 質問に対して英語で答える

本冊 p.83・84

解答

❷ ①（例）どれくらい
　②（例）朝食・何をしましたか
　③（例）なぜ驚いたのですか

❺ ① 7(seven)　②（a）cleaned　（b）house
　③ made a cake for them

- 補習問題 -

1 ① month　② His[Shinji's] brother

❷ それぞれの問いの意味は，①「健太の両親はどれくらい長

野に滞在しましたか」，②「健太は朝食前に姉と何をしましたか」，③「健太の両親は帰宅したときに，なぜ驚いたのですか」。

❺ ①序盤で，went to Nagano … and stayed there for seven days（長野へ行き，…そしてそこに7日間滞在した）と言っている。②中盤で we cleaned the house together before breakfast（ぼくたちは朝食前に，一緒に家をそうじした）と言っている。we … together（ぼくたちは一緒に…）を答えでは He … with his sister.（彼は姉と…。）と言い換えている。　③終盤で they were surprised because I made a cake for them（ぼくが彼らのためにケーキをつくったので彼らは驚いた）と言っている。

【読まれた英文】

※本冊 p.83 に示されている質問は省略。

　I live with my father, mother, and sister.　My parents and my sister work hard every day.

　Last summer, my parents went to Nagano to meet their friends and stayed there for seven days.　My sister and I didn't go with them.　When my parents stayed in Nagano, we did different things in our house.　I cooked breakfast and dinner.　My sister washed the dishes.　But we cleaned the house together before breakfast.　Life without our parents was hard but fun.

　When my parents came home, they were surprised because I made a cake for them.　They ate the cake and told me it was very good.　So, I was happy.

　Now I sometimes cook dinner for my family.

（日本語訳）

　ぼくは父，母，姉と暮らしています。両親と姉は毎日，一生懸命働いています。

　この前の夏，両親は彼らの友人に会うために長野へ行き，そこに7日間滞在しました。姉とぼくは彼らと一緒には行きませんでした。両親が長野に滞在しているとき，ぼくたちは家で別々のことをしました。ぼくは朝食と夕食を作りました。姉は食器を洗いました。でもぼくたちは朝食前に，一緒に家をそうじしました。両親がいない生活は大変でしたが楽しかったです。

　両親が帰宅したとき，ぼくが彼らのためにケーキをつくったので彼らは驚きました。彼らはケーキを食べてとてもおいしいとぼくに言いました。それでぼくはうれしかったです。

　今では，ぼくはときどき家族に夕食をつくります。

補習問題

1 ①質問の意味は「信二はどれくらいの頻度で『自然クラブ』のメンバーとして働いていますか」。信二は中盤で「自然クラブ」について説明し，The members meet every month.（メンバーは毎月集まる。）と言って，そのあと活動内容を話している。

②質問の意味は「だれが信二に『自然クラブ』について話しましたか」。終盤で My brother told me about it.（兄[弟]がぼくにそれのことを話してくれた。）と言っている。この it はその前でベーカー先生が言っている 'Nature Club' のこと。

【読まれた英文】

Shinji : Good morning, Ms. Baker.

Ms. Baker : Good morning, Shinji.　How was your weekend?

Shinji : I had a great time.　I worked as a member of 'Nature Club'.

Ms. Baker : 'Nature Club'?　What is it?

Shinji : It's like a volunteer group.

Ms. Baker : I see.　Can you tell me more about 'Nature Club'?

Shinji : Of course.　The members meet every month.　We talk about how we can protect nature and work together for that.　For example, we grow plants and clean our city.　Last time we cleaned a river.　I felt sad to see a lot of plastic bags and paper in the river, but after cleaning I felt happy.

Ms. Baker : That's nice!　When did you join 'Nature Club' for the first time?

Shinji : About three years ago.　My brother told me about it.

Ms. Baker : I see.

（日本語訳）

信二：おはようございます，ベーカー先生。

ベーカー先生：おはよう，信二。週末はどうでしたか。

信二：すばらしい時間を過ごしました。「自然クラブ」のメンバーとして働いたんです。

ベーカー先生：「自然クラブ」？　それは何ですか。

信二：ボランティア団体のようなものです。

ベーカー先生：なるほど。「自然クラブ」についてもっと話してくれますか。

信二：もちろんです。メンバーは毎月集まります。ぼくたちはどのようにして自然を保護できるかについて話して，そのために一緒に働きます。たとえば，植物を育てたり，ぼくたちの街をきれいにしたりします。前回は川をそうじしました。ぼくは川のたくさんのビニール袋や紙を見て悲しく思いましたが，そうじのあとはうれしく思いました。

ベーカー先生：それはいいですね！　あなたが，初めて「自然クラブ」に参加したのはいつですか。

信二：3 年ほど前です。兄[弟]がぼくにそのことを話してくれました。

ベーカー先生：なるほど。

38　自分のことや考えを英語で答える

本冊 p.85・86

解答

❶ ① want to　② to play / playing

❷ 質問の内容：（例）自由な時間に何をするのが好きか
　あなたの答え：（例）読書

❸ （例）I like reading books.

❹ ① think[believe]（that）　② should

❺ 質問の内容：（例）日本語を学ぶベストな方法は何か
　あなたの答え：（例）日本の映画を見る

❻ （例）You should watch Japanese movies. / Making Japanese friends is the best way.

- 補習問題 -

[1] （例）I want to go to Okinawa to enjoy swimming and learn about unique nature there.

[2] （例）We can give her some flowers.

---

❸ 自由な時間に何をするのが好きかをたずねられているので，like to ～や like ～ing を使って答える。I like to read books. でもよい。

❻ 日本語を勉強するのにいちばんよい方法は何かをたずねられている。You should ～. （あなたは～すべきだ。）や ～ing ... is the best way. （～することがいちばんよい方法だ。）などを使って答えるとよい。

【読まれた英文】

No. 1

　I like visiting museums in my free time.　What do you like doing in your free time?

（日本語訳）

　私は自由な時間に博物館を訪れるのが好きです。あなたは自由な時間に何をするのが好きですか。

No. 2

　I was so happy today because I talked with you.　I have been interested in the Japanese language, and now I want to learn about it more!　What is the best way to study it?　Please tell me!

（日本語訳）

　私はあなたと話したので今日はとてもうれしかったです。私は日本語にずっと興味があり，今はもっとそれについて学びたいと思っています！　それを勉強するのにいちばんいい方法は何ですか。教えてください！

補習問題

[1] 1 週間日本を旅行できるなら，どこへ行きたいかをたずね

られている。want to ～(～したい)や，to ～(～するために)，because(～だから)などを使って答えるとよい。解答例の意味は「泳ぐのを楽しんだり，そこの独特な自然について学んだりしたいので，私は沖縄に行きたい」。

2 引っ越すクラスメートのために何ができるかをたずねられている。What can we do?（私たちは何をすることができるか。）と問われているので，We can ～. を使って答えるとよい。解答例の意味は「私たちは彼女に花をあげることができる」。

【読まれた英文】

1

I went to Hokkaido to ski for one week during this winter vacation. If you can travel in Japan for one week, where do you want to go and why?

（日本語訳）

私はこの冬休みに，スキーをするために1週間北海道に行きました。もしあなたが1週間日本を旅行できるなら，どこへ行きたいですか，そしてそれはなぜですか。

2

Naomi：Our classmate Miyuki will leave Kagoshima and live in Fukuoka from next month. We have to say goodbye to her soon.

Sam：Really? I didn't know that. I'm very sad.

Naomi：Me, too. Well, let's do something for Miyuki. What can we do?

（日本語訳）

ナオミ：私たちのクラスメートのミユキが鹿児島を離れて来月から福岡に住むの。もうすぐ彼女にさよならを言わなくちゃならないよ。

サム：本当に？　そのことを知らなかったよ。すごく悲しいな。

ナオミ：私も。それで，ミユキのために何かしようよ。何ができるかな。

39 英語のメモやメールなどを完成させる

本冊 p.87～89

解答

2 有名／3000／大きさ[サイズ]
3 ① sea　② hours　③ same
4 ジョン[John]／日
5 Tuesday

- 補習問題 -
1 ① afraid　② other　③ friends
　④(例) watch a short video
2 ① Saturday　② shopping

3 ① ALT は自分の国について最初に It is famous for its

beautiful sea.（それは美しい海で有名だ。）と言っている。be famous for ～で「～で有名である」。　② sunshine(日照，晴天)については We receive more than three thousand hours of sunshine（私たちは3000時間以上の日照を受ける）と言っている。more than ～(～以上，～より多い)をメモでは over ～(～以上，～より多い)で言い換えている。　③国の size(大きさ)については，It is as large as Utsunomiya City.（それは宇都宮市と同じくらいの大きさだ。）と言っている。メモには the ( ) size as とあるので，the same ～ as …(…と同じ～)で言い換える。

5 対話でジョンは I want to go on Tuesday.（ぼくは火曜日に行きたい。）と言っている。

【読まれた英文】

No. 1

You：Can you tell us about your country?

ALT：Sure.

You：If you're ready, please begin.

ALT：OK. My country is an island country. It is famous for its beautiful sea. You can enjoy swimming! The climate is nice throughout the year. We have a lot of sunshine. We receive more than three thousand hours of sunshine in a year. It's a wonderful place. My country is a very small country. Can you guess its size? It is as large as Utsunomiya City. It's surprising, right? My country is small, but there are a lot of good places for visitors. I love my country. You should come!

（日本語訳）

あなた：あなたの国について私たちに教えてもらえますか。

ALT：もちろんです。

あなた：準備ができていれば，始めてください。

ALT：わかりました。私の国は島国です。美しい海で有名です。あなたたちは水泳を楽しむことができます！　気候は1年を通じていいです。晴天が多いです。1年に3000時間以上の日照を受けます。すばらしいところです。私の国はとても小さな国です。その大きさを推測できますか。宇都宮市と同じくらいの大きさです。驚きますよね。私の国は小さいですが，観光客にとっていい場所がたくさんあります。私は自分の国を愛しています。あなたたちは来るべきです！

No. 2

Saki：John, we will study at the library with Lucy on Monday.

John：I'm sorry, Saki. I'll be busy on that day. I want to go on Tuesday.

Saki：OK. You want to go on Tuesday, right? I will ask Lucy about it later.

John：Thank you, Saki.

（日本語訳）

サキ：ジョン，私たち，月曜日にルーシーと図書館で勉強するよね。

ジョン：ごめん，サキ。その日は忙しくなるんだ。火曜日に行きたいな。

サキ：わかった。火曜日に行きたいんだね。あとでルーシーにそのことについて聞くよ。

ジョン：ありがとう，サキ。

補習問題

① メモの見出しには About today's class（今日の授業について）とある。①メモの文の意味は「私たちは英語を話すこと（　　）になるべきではない」。ウィルソン先生は First と言ったあと，don't be afraid of speaking English（英語を話すことを恐れるな）と言っている。be afraid of 〜は「〜を恐れる」。②メモの文の意味は「私たちは（　　）中学校からの生徒と話すべきだ」。Second と言ったあと，try to talk with a lot of students.　Today, students around you come from other junior high schools.（多くの生徒と話そうとしなさい。今日，みなさんの周りの生徒は他の中学校から来ている。）と言っている。メモではこれを 1 文にまとめている。　③メモの文の意味は「私たちは新しい（　　）を作ることができる」。中盤で it's a good chance to make new friends（それは新しい友達をつくるいい機会だ）と言っている。　④メモの文の意味は「私たちは（　　）する。それはこの学校での行事について」。メモの見出しには After the class（授業後）とある。終盤で After the class, I'll show you a short video.　It's about the events ... at this school.（授業後，私はみなさんに短いビデオを見せる。この学校での…行事についてのものだ。）と言っている。メモでは show you 〜 を we を主語にして言い換えているので，show（見せる）を watch（見る）と言い換えて表す。

② 電子メールの意味は「こんにちは，エミリー。トムが映画『いちばん幸せなパンダ』に興味があると言っていたよ。彼と私は（　①　）に映画を見に行くことについて話したの。それで，私たちみんなで一緒に行かない？　午前中に映画を一緒に見て，それからあなたと私はそのあと（　②　）行くことができるよ。どう思う？　由美子」。

①対話で，由美子は映画を見に行く日について How about Saturday morning?（土曜日の午前中はどう？）と言い，トムは了解している。　②土曜日の午前中を提案した由美子は，そのあと Emily and I are also planning to go shopping that afternoon.（エミリーと私はその日の午後に買い物にも行くつもりなの。）と言っている。

①

Hi, everyone.　Welcome to our high school.　I'm Mike Wilson.　Today, you'll join our English class.　Now, I'll tell you two important things for the class.

First, don't be afraid of speaking English.　You don't have to speak perfect English.　The most important thing is to enjoy the communication.　Second, try to talk with a lot of students.　Today, students around you come from other junior high schools.　I know it's not easy to talk to them.　But it's a good chance to make new friends.

After the class, I'll show you a short video.　It's about the events like the school festival at this school.　I hope you'll be interested in them.　Now let's start the class!

（日本語訳）

こんにちは，みなさん。私たちの高校へようこそ。私はマイク・ウィルソンです。今日，みなさんは私たちの英語の授業に参加します。そこで，授業のために大切な 2 つのことをみなさんに伝えます。

まず，英語を話すことを恐れないでください。完ぺきな英語を話す必要はありません。いちばん大切なことはコミュニケーションを楽しむことです。2 つ目に，多くの生徒と話そうとしてください。今日，みなさんの周りの生徒は他の中学校から来ています。彼らと話すのは簡単ではないと私はわかっています。けれども新しい友達を作るいい機会です。

授業後，私はみなさんに短いビデオを見せます。この学校での文化祭などの行事についてのものです。みなさんが興味を持ってくれるといいなと思います。では授業を始めましょう！

②

A：Hi, Tom.

B：Hi, Yumiko.　Do you have any plans for this weekend?

A：Yes, I'm going to visit my grandfather's house on Sunday.　How come?

B：Well, I want to see the movie, "*The Happiest Panda.*" Can we see it together?

A：Sounds good.　I want to see it too, and I'm planning to see it with Emily.　Oh, why don't we all go together?

B：OK.　It's no problem.

A：How about Saturday morning?　Emily and I are also planning to go shopping that afternoon.

B：I see.　The movie starts at 10:20, so let's meet

around 10:00 at the station.

A：That's great. I will tell her about our plan later.

（日本語訳）

A：こんにちは，トム。

B：こんにちは，由美子。この週末に何か予定はある？

A：うん，日曜日に祖父の家を訪ねる予定だよ。どうして？

B：ええと，映画『いちばん幸せなパンダ』を見たいんだ。ぼくたち一緒に見られるかな？

A：いいね。私もそれが見たくて，エミリーと見るつもりなの。あ，みんなで一緒に行かない？

B：いいよ。問題ない。

A：土曜日の午前中はどう？ エミリーと私はその日の午後に買い物にも行くつもりなの。

B：わかった。映画は 10 時 20 分に始まるから，10 時ごろに駅で待ち合わせよう。

A：いいね。あとで彼女に私たちの計画について伝えるね。

4 章 読解問題

40 内容に合う文や語句を補う

本冊 p.90〜95

解答

① 高校生／ALT（外国語指導助手）

② 国際的なイベント／彼らの国［オーストラリア］についての情報を全く得ていなかった

③ それはわくわくするものでした［それはおもしろかった］

④ 議題は気候変動でした

⑤ 外国の生徒たちと活動する

⑥〔問 1〕（例）How was it(?)
〔問 2〕A．ア　B．ウ

- 補習問題 -

① (1) イ　(2) ア

② サラの最初の発言と，正人の 5 つめの発言に注目する。

③ It was exciting. を日本語で表す。

④ The topic was climate change. を日本語で表す。

⑥〔問 1〕it は the (international) event でもよい。
〔問 2〕B．直前の正人の発言の内容に注目する。この内容を受けて，サラが正人にアドバイスしている。

補習問題

① (1) 選択肢で A に入るのは needs more people（〈おばあさんは〉より多くの人を必要としている）か doesn't need any people（〈おばあさんは〉1 人も必要としていない）のどちらか。 A の少し前に，おばあさんが直人にひまわりを植える活動に参加するよう誘っていることや，そのとき 10 人しか参加していないことなどから判断する。 B については，直人の発言の「ごめん，僕は学校に行かなければならないんだ。」に続いて，直人がし始めたことを答える。選択肢では，working in the park（公園で活動する［働く］）と walking to school（学校に歩いていく）の 2 つがある。

(2) 部員の発言「僕らは小さなチームだからいつも同じことを練習しなければならない。もっとチームメートがいないと僕らは試合に勝てない。」に対して直人が考えていることを推測する。アは「私たちは部員が多くない」，イは「私たちには練習する場所がない」，ウは「私たちのチームはいつも試合に勝つ」，エは「私たちのチームはいつも練習を楽しんでいる」という意味。

（日本語訳）

　ある春の日，僕は教室でポスターを見ました。ポスターには「いっしょに町の公園にひまわりを植えよう！」と書かれていました。それは町のボランティアグループが計画したイベントでした。僕はそれが興味深いとは思わなかったので，バッグを持って教室を出ました。

　次の土曜日の朝，僕はバスケットボールの練習のために学校に行きました。町の公園のそばを歩いていると，祖母が公園で数人の人々といっしょにひまわりを植えているのを見ました。そのとき，あのポスターを思い出しました。僕は彼女にたずねました，「このボランティアグループに入っているの？」彼女は答えました，「そうよ。私たちは毎週土曜日にこの公園でごみを拾っているの。でも今日はひまわりを植えるためにここに来たの。私がこの新しいイベントを計画したのよ。」僕は彼女に言いました，「本当？ どうしてイベントを計画したの？」彼女は言いました，「この町の多くの若者は将来大都市で暮らしたいと思っているわ。それは私にとって悲しいことなの。この広い公園に美しいひまわりがあれば，彼らのうちの何人かはこの町がすばらしい場所だときっと気づくと思うの。」彼女は，「直人，いっしょに参加しない？ ポスターをたくさんの場所に送ったけど，今はたった 10 人しかいないの。」とも言いました。僕は思いました，「この公園は広い。10 人だけでひまわりを植えるのは大変だ。おばあちゃんにはもっと多くの人が必要だけど，僕にはバスケットボールの練習があるし。」それで彼女に「ごめん，僕は学校に行かなければならないんだ。」と言って，学校に向かって歩き始めました。彼女は悲しそうでした。

　学校の体育館に到着したとき，そこがあまりにも広いと思いました。僕たちのチームには 8 人の部員がいましたが，その日はそのうちの 2 人が来ませんでした。3 人の部員と僕は一生懸命練習しましたが，2 人の部員はそうしませんでした。彼らはときどき走るのをやめて練習中に座り込んでいました。彼らは言いました，「僕らは小さなチームだからいつも同じこ

とを練習しなければならない。もっとチームメートがいないと僕らは試合に勝てない。」彼らが言うことを聞いて僕は悲しくなりました。僕は思いました，「僕たちのチームは部員が多くないけど，強いチームになる方法があると信じている。」彼らに何か言いたかったけれど，言いませんでした。

　練習のあと，再び町の公園のそばを歩きました。そのとき驚きました。約 30 人の人々が公園でひまわりを植えていました。僕はそこに祖母を見つけました。僕は彼女にたずねました，「なぜこんなにたくさんの人がここにいるの？」彼女は答えました，「公園で多くの人を見かけたので，なぜ私たちがひまわりを植えているのかを彼らに話したの。すると，彼らの多くが参加してくれたのよ。」僕は彼女にたずねました，「おばあちゃんがしたことはそれだけ？」「そうよ，ただ彼らと話しただけよ。」と彼女は答えました。彼女のことばは僕の問題に答えを与えてくれました。そして，僕はそのイベントに参加して彼女といっしょに活動しました。

　イベントのあと，僕は彼女に僕のバスケットボールチームについて話し，「今日，ほかの人と話すことが何かを変えるためには必要だと気づいた。来週，僕はチームメートにいっしょに強いチームをつくりたいと伝えるよ。彼らが僕を理解してくれることを願っている。」と言いました。彼女は僕の話を聞いてほほ笑みました。

41 ポスターなどの資料の内容について答える

本冊
p.96〜101

解 答

- ❷ 4　　❸ 運賃（や乗車定員）
- ❹ 電車／（所要）時間
- ❺ 電車を使うよりも安い
- ❻ (1) ア　　(2) エ

- 補習問題 -
1 1.① イ　② ア　　2. 4（ドル）
3.(1) エ　(2) イ　(3) ウ

❹ from 〜 to …は「〜から…まで」。この take は「（時間）がかかる」という意味を表す。

❺ cheap（安い）の比較級が使われている。than 〜は「〜よりも」という意味。

❻ (1) 案内図の 2 番めの行き方は，電車と徒歩で行く方法で約 15 分かかることが示されている。その下に，ステーションホテルから北海駅まで「徒歩 5 分」，スタジアム駅から北海スタジアムまで「徒歩 5 分」と書かれているので，北海駅からスタジアム駅までは約 5 分かかることがわかる。

(2) 定額タクシーで行く場合，乗車定員が 4 名なのでア〜エのどの組み合わせでも 750 円である。これに対して列車を使

う場合，アとイは 600 円，ウは 700 円，エは 800 円となるので，定額タクシーを使うほうが安くなるのはエのとき。

補習問題

1 1. ① 美香が「私はそこ（＝博物館）に行きたいです！」と言ったあとにたずねた疑問文を答える。その疑問文に対してケイトは「はい，もちろんです。次の日曜日にそこに行きましょう」と答えているので，イの「私といっしょに行きませんか」と誘う文を選ぶ。アは「あなたは次の日曜日，忙しいですか」，ウは「チラシをつくってくれませんか」，エは「あなたはこの街が好きですか」という意味。

② ケイトのその直前の発言に「今なら博物館のウェブサイトでチケットを買えば 10% 割引されることがチラシに書いてある。でも私たちは年齢が若すぎてインターネットでチケットを買えない。だから…」とあるので，アの「私がお父さんにそれら（チケット）を買ってくれるように頼みます」があとに続く。イは「私はそれについて若者たちと話します」，ウは「私たちはインターネットでそれらを買えます」，エは「私たちは 10% の割引を受けることができます」という意味。

2. ケイトの家族は昨年博物館に行ったので，今年限定のウェブサイトでチケットを購入した際の割引は受けていない。ケイトと美香の発言から，博物館に行ったのはケイトの両親とケイトと弟のボブの 4 名で，ケイトはそのとき 13 歳でボブは 10 歳だったことがわかる。チラシに書かれているチケットの値段表から，ペアチケットを買った場合は 15 ドル×2 ＝ 30 ドルだが，ペアチケットを買わない場合は両親が 24 ドル，ケイトが 6 ドル，ボブが 4 ドルとなり合計 34 ドルになる。

3. (1) ケイトが実際にしたことを選ぶ。アは「博物館で伝統的な衣服を作ろうとした」，イは「去年博物館の会員になった」，ウは「学校で彼女の街の歴史について学んだ」，エは「学校で博物館のチラシをもらった」という意味。

(2) 美香とケイトが博物館にいつどうやって行くと決めたかを選ぶ。アは「次の土曜日に車で」，イは「次の土曜日に自転車で」，ウは「次の日曜日に車で」，エは「次の日曜日に自転車で」という意味。

(3) チラシに書かれていることを選ぶ。アは「人々は 10 時に博物館のレストランで食事ができる」，イは「博物館は 1 年の最初の日に閉館していない」，ウは「歴史についての電子メールが毎週博物館の会員に送られてくる」，エは「すべての子どもは博物館に入館するのにチケットを買わなければならない」という意味。

（日本語訳）

ケイト：こんにちは，美香。ここでの生活はどうですか。

美香：とても楽しんでいます。伝統的な場所がたくさんあるので，私はこの街が好きです。私は歴史にとても興味があります。この街の歴史について学びたいです。

ケイト：本当ですか。この街には大きな歴史博物館があります。とても人気です。多くの大人や子どもたちが行っているとよく聞きます。待って…。ここにチラシがあります。私は約2週間前に学校でもらいました。

美香：この博物館，おもしろそうですね。あなたはそこに行ったことがありますか。

ケイト：はい。去年，家族といっしょに行って，この街の歴史や過去の人々の生活についてたくさん学びました。すばらしい時間を過ごしました。

美香：ああ，私も行ってみたいな！　いっしょに行ってくれますか。

ケイト：ええ，もちろん。次の日曜日に行きましょう。父が車で私たちをそこまで連れていってくれると思います。

美香：ええと…，チラシには毎週土曜日に博物館で特別なイベントがあると書いてありますね。それは何ですか。

ケイト：過去の生活体験が楽しめます。去年私が行ったときは，伝統的な服を着てみました。とても楽しかったです。そして特別イベントは無料でした。

美香：わあ！　それやりたい！　次の土曜日に行きましょうか。

ケイト：いいですよ。でも，父は毎週土曜日に仕事をします。だから私たちは自転車で博物館に行かないといけません。

美香：問題ありません。ケイト，チラシには開館時間が書いてあります。長い時間そこにいるために午前中に家を出たいです。

ケイト：わかりました。そして博物館のレストランでランチを食べましょう。だからお金がいくらか必要です。

美香：わかりました。あとチケットを買うために私は6ドル必要ですよね？

ケイト：その通りです。ああ，チラシには博物館のウェブサイトで今チケットを買うと10％割引になると書いてあります。でも私たちは年齢が若すぎてインターネットでチケットを買えません。だから父に買ってくれるよう頼みます。

美香：ありがとう。

ケイト：博物館では別の割引もあります。去年家族と行ったとき，私たちはペアチケットを2枚買いました。お金を節約できました。チラシで私たちがいくら節約したかがわかりますよ。

美香：わかりました。あなたはお父さんとお母さん，そして弟さんのボブといっしょにそこに行ったんですね？

ケイト：そうです。

美香：そのとき，あなたは13歳で，ボブは10歳でした…。確かにお金を節約しましたね！

ケイト：美香，これ見てください！　博物館の会員になると，いくつかのことができますよ。

美香：それはすばらしいです！　実地見学や特別クラスに興

味があります。会員になる方法を知りたいです。

ケイト：わかりました。ウェブサイトで見つけましょう。

美香：いいですね。

ケイト：美香，あなたは本当に歴史が大好きですね。博物館でたくさん学べますよ。

美香：はい。週末が早くくることを願っています。

42 指定された語句の内容を答える

p.102〜107

解答

❷ おばあさん［祖母］／（同級生の前で）スピーチ
❸ 新しい科学技術を使う
❹ 私の果樹［果物の樹木］に水やりをする／その仕事
❺〔問1〕イ
　〔問2〕（トシコさんの）果樹に水をやること

- 補習問題 -
1 (1) (a) ウ　　　(b) after reading
　(2) ア

❸ この using は「〜すること」を表す動名詞。

❹ give 〜 to …は「…に〜を与える」。

❺〔問1〕トシコさんは「新しい科学技術を使うことの benefits はたくさんあります。」と言って，そのあとに科学技術を使う例を挙げている。その例ではいずれも科学技術を使う利点が述べられている。

〔問2〕that job（その仕事）は，すぐ前の to give water to my fruit trees を指している。

補習問題

1 (1) 説明の英文の日本語訳は次の通り。

「真由実はカードを楽しんでつくり，そのことをムギの1人の従業員は理解していました。それで，その従業員は真由実のカードをとても気に入り，うれしくなりました。また，そのカードは　i　を表していました。何人かのお客さんは，カードを　ii　，試しに食べてみたいと思ったのでパンを買いました。」

(a) カードが表していたのは，ウの「真由実がお気に入りのパンについての彼女の気持ち」。アは「ムギについてのお客さんの気持ち」，イは「その従業員のお気に入りのパン」，エは「多くの人々に愛されているそのパン屋」という意味。

(b) 第4段落の中ごろに，従業員の1人が真由実に対して言ったことばで，Some customers bought the bread because they became interested in it after reading your card. がある。

(2)「私たち（ムギの従業員）はお客様に私たちのパンのよい点

を示したいし，彼らにそのパンを食べてみてもらいたい。」「彼ら」とはお客様のことなので，アの「パンを買いにムギを訪れている人々」を選ぶ。イは「別のパン屋で働いている人々」，ウは「パンのよい点を書いている人々」，エは「売るためのパンをつくっている人々」という意味。

（日本語訳）

　去年，私のクラスの全生徒は職場体験をしました。各生徒は町のある場所に行き，そこで仕事についてもっと知るために3日間働きました。1人の生徒は花屋さんで働き，別の生徒はレストランに行きました。私は「ムギ」というパン屋さんで働きました。職場体験の前は少し心配していましたが，始めてみるとわくわくしました。

　そのパン屋さんは長年にわたり人気があります。そこには多くの種類のパンがあります。友達と私はそこによく行って，お気に入りのパンを買います。私たちはそのパンを食べるのが好きで，よく話題にします。職場体験を通じて，なぜそのパン屋さんがとても人気なのかがわかりました。私はパンをつくって販売する方法についてたくさん学びました。

　パン屋さんで働く人たちは私にパンのつくり方を教えてくれました。私はパンづくりのためにすべきことをたくさん学びました。その中で，生地をつくってパンの形に整えることが私にとっておもしろかったです。パン屋さんの従業員は生地をつくる際に水を材料の1つとして使います。毎日気温や湿度が変わるため，その日最高の生地をつくるために水の量を変えます。彼らは「生地をつくるのは難しいですが，私たちは常にその日のための完ぺきな生地をつくろうと努力しています。」と言っていました。生地づくりが終わったあと，それぞれのパンにうまく形を整えます。私も彼らのようにやりたかったのですが，生地をパンの形に整えるのは私には難しかったです。1人の従業員が言いました，「おいしいパンをつくれるようになるには数年かかります。」今では，パンづくりには多くの努力が必要だとわかります。

　そのパン屋さんの従業員は多くの種類のカードをつくり，それらを店内の各種のパンの前に置いています。カードには従業員からお客様へのメッセージが書かれています。例えば，特別な材料や味についてのメッセージです。私は自分の大好きなパンについてのカードを書こうとしましたが，よいカードをどう書けばいいのかわかりませんでした。1人の従業員が私に言いました，「あなたの大好きなパンについての気持ちや，いつもそれを買う理由を書いてもいいです。」私はカードを書くためにベストを尽くしました。それが店内のパンの前に置かれたので，わくわくしました。1人の従業員が私に言いました，「あなたのカード，私は大好きです。あなたがカードをつくるのを楽しんだことがわかるので，それは私をうれしくさせてくれます。また，14歳の少女としての，あなたのお気に入りのパンに対する気持ちが表れています。カードを

読んだあと，そのパンに興味を持って購入したお客様もいますよ。」私はそれを聞いてとてもうれしかったし，もっとよいカードをつくりたいと思いました。そこで，私は従業員に「どうやってすてきなカードをつくっていますか。」とたずねました。彼らの1人が言いました，「私たちの店のすべての種類のパンについて，私たちはたくさん学ぶようにしています。また，多くの本を読んだり，よい例を見るためによくほかのパン屋さんに行ったりします。私たちはお客様に自分たちのパンのよい点を示したいし，お客様にパンを食べてみてもらいたいんです。」今では，私はパンを販売するには多くの努力が必要だとわかります。

　職場体験を通じて，従業員が一生懸命努力していることを学び，その理由を知りたくなりました。それで，何人かの従業員にたずねたところ，彼らは多くの人を幸せにしたいから，毎日ベストを尽くしていると言いました。また，お客様に喜んでいただけると自分たちも幸せになるとも言いました。この体験の前は，人は自分の生活のためだけに働くと思っていましたが，今ではほかの人のためにも一生懸命働くのだと理解しています。働く人たちがほかの人々を幸せにできれば，彼らはさらに一生懸命働くでしょう。将来，私は彼らのようにほかの人のために働きたいです。パン屋さんではたくさんのことに挑戦して，それは私を疲れさせました。しかし，たくさん学べて新しい世界を見ることができたので，職場体験はとてもすばらしかったです。

　職場体験が終わったあと，私はそのパン屋さんに行ってパンを買いました。味は，私には特別ですばらしかったです。なぜなら，パン屋さんで働いている人の気持ちや努力がわかったからです。

---

43 本文の内容について書かれた文章を完成する　本冊 p.108〜113

解答

❷ （仕事でワカバ町に来た）外国人の女性／ちらし

❸ 外国出身の女性［外国から来た女性］／3

❹ 彼はその店への行き方を彼女に伝えた［言った］／動詞

❺ A. food　　B. liked

- 補習問題 -

1　X. share　　Y. important［necessary］

---

❷ a foreign woman（who came to Wakaba Town on business）と leaflet の日本語訳がそれぞれ入る。

❸ she は a woman from a foreign country を指している。

❹ 〈tell A B〉は「A に B を伝える［言う］」。he の次には動詞がくることが予想できる。

⑤ 第3段落の内容を入れる。Bは，his favorite shop を the shop he liked と書きかえる。like は過去形で表すことに注意。

【補習問題】

① スピーチ原稿の英文の日本語訳は次の通り。

「　　　　　　　高校でスマートフォンを使うこと

　私は高校でスマートフォンを使うことについて話したいと思います。高校生の中には教室でスマートフォンを使うことができる生徒たちがいます。私はこの話題に興味があります。それで，私はアマンダに彼女の意見についてたずねることにしました。

　彼女によると，（スマートフォンを高校で使うことには）よい点と悪い点の両方があります。生徒はインターネットで，より多くの情報を見つけることができます。彼らはまた，クラスメートや先生と簡単に情報を（　X　）することができます。しかしながら，生徒が集中力を失うと，ゲームをし始めるかもしれません。

　私は彼女の意見から学びました。私は，スマートフォンを適切に使うことが私たちにとって（　Y　）だと思います。ありがとうございました。」

　X には「共有する」という意味の share が入り，Y には「重要な」という意味の important，または「必要な」という意味の necessary が入る。

（日本語訳）

智：こんにちは，アマンダ。私はレポートに取り組んでいます。いくつか質問してもいいですか。

アマンダ：もちろんです。あなたのレポートは何についてですか。

智：スマートフォンについてです。

アマンダ：おもしろそうですね。多くの人々が日常生活でスマートフォンを使っていることを知っていますよ。

智：はい，スマートフォンは現在とても人気があります。今では，一部の高校生は教室でスマートフォンを使うことができます。この話題は興味深いと思います。あなたはそれについてどう思いますか。

アマンダ：そうですね…，よい点と悪い点の両方があると思います。

智：同意します。まずよい点について知りたいです。

アマンダ：最近はたいていの高校生がスマートフォンを持っています。インターネットへのアクセスが容易です。もし生徒たちが教室でスマートフォンを使えるなら，彼らの学校生活は以前よりも便利になります。

智：あなたの言っていることの真意がよくわかりません。具体例を教えてもらえますか。

アマンダ：もちろんです！　例えば，生徒たちはインターネットを見て回って，より効果的に教室での活動に取り組む

ことができます。クラスメートや先生との情報共有も簡単です。スマートフォンからインターネットを利用するのが最も速いです。

智：わかりました。ほかに生徒たちはスマートフォンで何ができますか。

アマンダ：そうですね…，生徒たちはさまざまな話題についての動画を見つけて見ることができます。さらに，計算機として，あるいは教室でメモを取ることにも使えます。スマートフォンは学習に役立てることができます。

智：では，悪い点についてどう思いますか。

アマンダ：スマートフォンを使うと生徒が集中力を失いやすくなると思います。ゲームをしたり，学校の勉強と関係のないことをいろいろとしたりします。生徒がスマートフォンを適切に使えない場合，教室で多くの問題が生じます。この状況はほかの人を不快にするでしょう。

智：意見を共有してくれてありがとう。とても助かりました。あなたが何を考えているかがわかります。私たちはスマートフォンの適切な使い方を知るべきですね。

アマンダ：どういたしまして。それを聞いてうれしいです。

---

44 本文の内容に合う英文を選ぶ

［本冊］ p.114〜119

【解答】

② 文化の違い／2　　③ おしぼり
④ くしゃみ　　⑤ 文化の違い／英語
⑥ ア，オ

- 補習問題 -
① 〔問1〕イ　　〔問2〕ア，オ

② 第1段落 の cultural differences between the U.S. and Japan と two of them に着目する。

③④ 真理はスピーチで日本とアメリカの文化の違いを，おしぼりとくしゃみを例に挙げて話している。

⑤ 第4段落で，真理は外国に行って多くの人と会うことで文化の違いについてもっと学ぶことができると考えており，外国では子どものころから練習してきた獅子舞を見せ，その歴史について英語で紹介したいとも書かれている。

⑥ イ，ウ，エには，本文にはないことが書かれている。

【補習問題】

① 〔問1〕質問文の意味は「エリは，そのカフェを初めて訪れるまで，自分の故郷についてどのように考えていましたか。」アは「写真を撮るのによい場所がたくさんある（と考えていた）。」，イは「彼女はそこでは英語を上達させることができな

い(と考えていた)。」，ウは「週末に訪れる場所があまりない(と考えていた)。」，エは「彼女は故郷のことが大好きなのでそこを離れたくない(と考えていた)。」という意味。イは，第1段落の内容と合う。

〔問2〕アは「エリは学校で英語をとても熱心に勉強していて，もっと英語を練習する機会がほしいと思っていた。」，イは「エリはシンガポール出身の男性とカフェで会ったとき，あまりに緊張していたので彼と話すことができなかった。」，ウは「エリは英語の勉強のしかたをヤマダさんから学ぶために，もう一度カフェを訪れることに決めた。」，エは「ヤマダさんは自分の故郷が大好きなので，生まれたときからずっとそこに住んでいる。」，オは「エリは彼女の町でも英語を使うよい方法があると学んだ。」という意味。イ，ウ，エには本文に書かれていないことが含まれている。

（日本語訳）

　エリは小さな町の中学生で，とても英語が好きでした。だから彼女は毎日一生懸命に英語を勉強していました。彼女は英語クラブのメンバーで，友達や先生と英語で話すことを楽しんでいました。しかし，町で英語を使う機会はあまりありませんでした。いつも彼女は英語を使う練習をするには外国に行く必要があると考えていました。彼女は自分の町が好きでしたが，早く海外に行きたいと心から思っていました。

　ある日，エリの母親が彼女にいっしょにカフェに行くように頼みました。そこはあまり大きくなく，特別だとは思いませんでした。しかし，彼女たちがカフェに入ると，エリは驚きました。そこで働いている全ての人が英語を話していたのです！　それからその中の1人の日本人の男性が，エリと母親に話しかけました。「来てくれてありがとうございます。私の名前はヤマダです。この『英語カフェ』の店長です。ここで私を手伝ってくれている人たちは外国の出身です。どうぞ彼らとの会話を楽しんでください。」「ありがとうございます，楽しみます！」とエリは言いました。エリは英語で話す機会があることにわくわくしました。彼女は1人の男性に英語で話しかけました。彼は気さくで，「私はシンガポール出身で，彼らはフランスと韓国出身です。」と言いました。エリはたずねました，「なぜあなたはこの町に来たのですか。」彼は言いました，「ヤマダさんのウェブサイトを見つけて，そこではこの町についてのよいことがたくさん紹介されていました。また，数週間ここに滞在できることもわかりました。私はこのアイデアがとても気に入りました。ヤマダさんは親切で，私はここにいることを楽しんでいます。」彼の話はエリにとってとても興味深いものでした。彼女は英語で多くのことについて彼と話して楽しみました。

　翌週，エリは再びカフェを訪れ，ヤマダさんに彼のウェブサイトについてたずねました。彼は言いました，「私は3年前にこのカフェをオープンし，また，毎日ウェブサイトで店とこの町について英語で書き始めました。だんだんと，より多くの外国人がそれを見るようになり，私にメッセージを送り始めてくれました。私は，彼らが2つのことをしてくれれば私の家に滞在してもよいといつも言っています。」「その2つのこととは何ですか。」とエリはたずねました。「彼らにはカフェで私を手伝う必要があります。また，この町のたくさんの場所で写真を撮り，インターネットに投稿する必要があります。」とヤマダさんは言いました。「とても興味深いです！それらは私たちの町に新しい外国人をひきつけることができますね。なぜあなたはこの小さな町で働き始めたのですか。」とエリは言いました。ヤマダさんは言いました，「ここは私の故郷です。学生のころ，私は本当に英語が好きだったので，毎日一生懸命に勉強しました。オーストラリアでは5年間働きました。そこでの生活を楽しみましたが，故郷についてより深く考え始めました。ここには温かい人々，美しい自然，興味深い歴史があります。私は世界中の多くの人々に私たちの故郷がすばらしいことを知ってもらいたかったのです。だから私は戻ってきてここで働くことに決めました。今では多くの人々が私のウェブサイトをチェックし，この町を訪れてくれます。彼らはここをとても気に入っていると言います。私は本当に幸せで，この町を誇りに思っています。エリ，あなたはこの小さな町で特別なことができるんです。もちろん，海外に行くのはすばらしい経験になるでしょうが，その前にあなたには自分の周りのすばらしいものを見てほしいのです。英語とインターネットを使えば，それらを世界中の人々と共有することができます。この小さな町でも世界中に友達をつくって，英語を上達させることはできます！」ヤマダさんの考えは彼女にとって本当に新鮮でした。

　その夜，エリは母親にヤマダさんのことを話し，いっしょに彼のウェブサイトをチェックしました。彼は町についてたくさんのすばらしいことを紹介していました。エリは町について多くの新しいことを学びました。彼女の母親は言いました，「エリ，ヤマダさんはあなたに町について多くのことを教えてくれたね。今度はあなたがこの町の多くのものを見に行き，ほかの人々とそれらを共有すべきよ。もっと多くの人々がこの町のよいところを知れば，ここはよりよい場所になるでしょう。」「それはすてきな考えだね！　まずは今度の英語スピーチコンテストでヤマダさんと私の町について話すよ！」とエリは言いました。

①